KB016026

글로벌 콘텐츠 세일즈 베테랑 9인의 인터뷰

영상콘텐츠 넘버원 코리아는 어떻게 시작되었나

● 일러두기

1. 외국어와 외래어는 국립국어원의 용례를 따라 한글로 표기하는 것을 원칙으로 하되, 이해의 편의를 위해 필요한 경우에는 외국어를 병기하거나 혹은 한글 없이 외국어로만 표기하였다.
2. 외국어 병기는 해당 단어가 본문에 처음 등장할 때로 한정한다.
3. TV프로그램 등 작품 제목은 〈 〉로, 정기간행물 등 매체 제목은 《 》로, 단행본 제목은 『 』로 표시하였다. 외국 작품은 국내에 널리 알려진 경우를 제외하고 외국어 원제로 표기하였다.

영상콘텐츠 넘버원 코리아는 어떻게 시작되었나

글로벌 콘텐츠 세일즈

베테랑 9인의 인터뷰

써니 김 지음

시작의 글

칸을 접수한 사람들, 그들을 아는가……

칸은 그러했다.

화려한 스타들, 눈부신 해변, 고급스러운 호텔과 상점들.

누구나 꿈에 그리는 칸영화제, 한탕 성공하고 느긋하게 즐기는 해변의 칵테일.

우리는 이러했다.

아침 9시부터 저녁 6시까지 행사장 바깥을 구경하기 힘들었고, 하루 종일 부스에 앉아 있거나 하루 종일 걸어 다녔다. 신발은 언제나 가장 편한 것으로, 옷은 구김이 가장 덜 가는 것으로.

칸영화제가 열리는 팔레 데 페스티발은 그저 사무실의 다른 이름이었을 뿐.

그렇게 이삼십 년이 흘러갔다.

2000년대 초반에 한류가 생기고, 일본에서 유례없는 성공을 거두고, 아시아에서 많은 돈을 벌어들이고, K-Pop이 세계를 휩쓸면서, 모두 한류 콘텐츠가 거스를 수 없는 대세임을 알게 되었다. 스타들은 레드 카펫을 걸었고, 작품들은 최고 수출액을 갱신했다. 만든 사람이건 출연한 사람이건 무대 위에서 축하받고 기뻐하며 기억되었다.
그러나 그 박수의 뒤에 한류라는 단어가 있기도 전부터, 출장지가 어디든 가리지 않고 아침 9시에 맞춰 출근하고, 수십 번 가방을 싸 들고 전 세계를 돌아다니고, 복잡한 계약서를 쓰고 최종 보고서를 올리는 성실한 직장인들이 있었다.
누구나 아는 드라마, 예능프로그램들을 맨땅에 헤딩하는 불멸의 세일즈맨이 되어 전 세계에 배급한 사람들, 그들에게 칸은 다름 아닌 일터이고, 총성 없는 전쟁터이다. 콘텐츠의 전쟁터.

그들은 지난 이십여 년간 나의 손님이었고, 친구였고, 선생님이었다.
이 책은 그들의 지난 시간에 대한 나의 작은 보답이다.
이 책을 위해 바쁜 시간을 쪼개어 인터뷰에 응해주신 분들—김세웅, 김태정, 권호진, 박인수, 조한상, 진혜원, 남한길, 서장호, 황진우—에게 다시 한 번 감사드린다. 비전문가인 나를 때로는 가르쳐 가며 격려를 아끼지 않았다.
박은경 편집자가 없었다면 이 책은 나올 수 없었다. 원고 정리부터 편집까지 나는 할 줄 아는 게 아무것도 없었다. 그녀의 낙천적이고 명랑한 성격이 많은 도움이 되었다. 좋은 사진을 찍어주신 유동영 사진작가에게도 감사드린다. 그의 사진은 그의 얼굴처럼 순하고 평안했다. 나무발전소 김명숙 대표님의 우아한 미소는 출간 막바지의 불안함을 날려주었다. 그의 숲의 한 그루가 되어서 좋다. 까다로운 나의 요구를 잘 소화해준 김타미 디자이너와 녹취의 정혜진 님, 썬앤씰의 정상우 부장님께도 감사드린다.

2019년 가을, 써니 김

차 례

콘텐츠의 숨겨진 가치를 찾아주는 사람

MBC 글로벌사업부 진혜원

1970년생. 이화여자대학교 국어국문학과 졸업. 1994년 MBC프로덕션(현 MBC씨앤아이) 기획제작부에 입사. 〈철인 28호 FX〉, 〈꽃을 든 남자〉, 〈여자를 말한다〉, 〈TV 타고 세계로〉, 〈달려라 또래친구〉 등의 제작에 참여. 1998년 해외사업으로 직종 전환, 현재 MBC 글로벌사업부 재직 중.

© 유동영

"콘텐츠를 정확하게 분석하는 능력과 콘텐츠에 대한 애정이 모든 업무의 가장 중심에 놓여야 하지 않겠습니까."

어떻게 방송업계에서 일을 시작하게 되셨습니까?

1994년에 국어국문과를 졸업하자마자 MBC아카데미의 시나리오반에 등록했습니다. 방송국에 입사해 드라마를 만들어 보고 싶었답니다. 강의실로 가는 도중에 MBC의 자회사로 드라마를 제작하는 MBC프로덕션의 구인 공고가 눈에 들어왔습니다. 그래서 원서를 냈고 그해 9월에 바로 입사하게 됐습니다. 시나리오반 수업료는 환불받지 못했고요. 처음에는 PD가 되겠다는 마음으로 기획제작팀에서 일하기 시작했습니다. 애니메이션도 제작하고 더빙도 하고 다큐멘터리 조연출을 맡기도 했어요. 94년부터 4년간 줄곧 제작부서에 있으면서 〈달려라 또래친구〉, 〈TV 타고 세계로〉 등을 만들었습니다. 그러다 IMF가 터져 제작비 삭감으로 프로그램이 날아가는 바람에 제가 당장 할 일이 없어졌어요. 그때 국제사업부 박재복 부장님이 해외 판매를 해보라고 제안해 주셨습니다. 제가 중학교는 인도네시아에서, 대학교는 2년간 미국에서 산 탓에 영어 의사소통이 자유로운 편이었거든요. 그렇게 1998년부터 글로벌사업부에서 일을 시작하게 됐습니다.

제작 경험이 있다는 것이 판매에 어떤 영향을 주었습니까?

처음에 포맷Format 시장이 부상했을 때엔 제가 제작을 했었다는 이유로 포맷을 담당하게 됐죠. 이를테면 구매자가 마스터테이프를 받고 나서 컬러바에 문제가 있으니 이러이러한 테이프를 보내야 한다고 요청할 경우에 저는 그 요청이 무엇을 뜻하는지 이해하고 소통하는 것이 가능했습니다. 그런 것이 확실히 판매에 도움을 주었고요.

구매자를 위해 추천작을 선택하실 때도 제작 경험을 지녔다는 사실이 영향을 주었나요?

제작 경험을 가졌기에 아무래도 작품에 대한 애착이 더 많았다고 할 수 있을 거예요. 워낙 드라마를 좋아했기 때문에 외국에 판매할 자료를 준비할 때도 그냥 줄거리만 읽는 데 그치지 않았어요. 직접 드라마를 많이 보고서 제가 좋아하는 드라마에 대해서는 더 전문적이고 체계적인 자료를 만들어 홍보했습니다. 예를 들어 수많은 사랑을 받은 2002년도 드라마 〈네 멋대로 해라〉의 판매 자료를 준비할 때였습니다. 당시만 해도 한류 하면 안재욱, 김희선, 장동건을 찾던 때였는데 〈네 멋대로 해라〉의 남자 주인공은 양동근이었어요. 어떻게 판매할지 고민을 아주 많이 했죠. 사실 이 드라마는 한류스타가 아닌 양동근이 주인공이어서 판매되지 못했다고 넘어갈 수도 있는 케이스였지만, 제가 그 드라마를 특별히 좋아했으니 그냥 넘어갈 수 없었습니다. 스토리라인이 좋아《씨네 21》등의 잡지에 이 드라마를 분석한 특집기사도 나왔고 마니아들도 생겨났는데 말이죠. 그래서 아무도 요청하지 않았는데도 제가 자진해서 이 드라마에 관한 기사들을 모두 번역해서 구매자들에게 배포했습니다. 제가 직접 처음부터 끝까지 다 보고서 진가를 알아본 작품이기에 구매자에게 설명할 것들이 많았습니다. 주연배우는 잘 알려진 한류스타가 아니지만 막상 열어보면 가족에 대한 이런 주제가 녹아 있고 남녀관계에 대한 이런 성찰이 깔려 있어 시청자들이 빠져들 수밖에 없다고요. 결국 〈네 멋대로 해라〉는 베트남을 비롯한 여러 군데에 판매되었습니다. 베트남의 한 구매자가 좋은 드라마를 수입했다고 칭찬받았다는 얘기를 전해 들었을 땐 정말 뿌듯했습니다. 그때는 지금보다 판매할 드라마들이 많지 않았기에 한 작품 한 작품에 더 집중해서 판매 준비를 할 수 있었죠.

제작 일을 하다가 배급과 판매라는 사업 분야로 이동하면서 애로사항은 없으셨나요?

제 경우엔 별로 없었습니다. 사실 제작부서에 있을 때 현장에 나가 사람들을 리더십 있게 이끌고 현장을 컨트롤하는 것이 제 성격상 쉽지 않았습니다. 당시엔 여성 PD도, 여성 조연출도 많지 않았기 때문에 출장을 가도 방을 혼자 써야 한다거나 뭔가 민폐를 끼친다는 부담감도 있었고요. 지금은 아무 문제 될 게 없지만 그땐 분위기가 달랐거든요. 현장에서 일한다는 게 정말 힘들구나, 제작이 쉬운 일이 아니구나 하고 헉헉거리고 있을 때 사업

파트로 오라는 제안을 받은 것이기에 솔직히 반가웠습니다.

이메일 대신 온종일 팩스 보내던 시절

그렇게 사업 파트로 이동하실 때가 MBC 프로덕션 안에 해외사업팀이 한창 생겨날 즈음이었나요?

제가 사업 파트로 이동한 것은 1998년도였는데, 자료를 열람해보면 1992년도부터 판매 건들이 기록되어 있습니다. 이미 판매 업무를 전담하는 사업부가 있었던 거죠. 일본에 〈임진왜란〉을 판매한 기록을 비롯해 눈에 띄는 건은 한두 건에 불과했지만요. 말하자면 프로덕션에서 맨땅에 헤딩하는 식으로, 그전에 아무도 하지 않던 일에 뛰어들어 우리 프로그램들을 홍보하던 시절이었습니다. 제가 처음 1년간 했던 일이 우리 프로그램을 소개하는 자료들을 외국 회사들에 팩스로 보내는 일이었어요. 이메일보다 팩스가 보편적이라서 팩스와 우편으로 소통하던 때였거든요. 외국 출장을 다녀오면 전 세계 바이어들의 리스트가 실린 두꺼운 책자를 얻게 되는데, 그 바이어들이 한국 콘텐츠에 관심이 있는지 없는지 개의치 않고 하루 종일 팩스기 앞에 앉아서 계속해서 팩스를 보내고 또 보냈어요. 우리는 MBC라는 이러이러한 방송국에서 일하는 사람들이고 이러이러한 프로그램이 있는데 한번 보지 않겠느냐, 이런 내용을 말이죠.

당시엔 한국의 프로그램이 대사관을 통한 라인으로 외국으로 종종 보내지던 때 아닙니까?

외국에 주재하는 한국 대사관에서 한국의 프로그램을 현지에 심어보려는 노력들이 꽤 있었죠. 그래서 저희가 방송국이 아닌 외교부로부터 예산 지원을 받아 해당 국가에 프로그램들을 소개하곤 했습니다. 그렇게 해서 판매가 성사되는 건이 아주 많지는 않았지만 계속 시도했어요. 〈대장금〉 DVD를 외교부를 통해 여러 나라 방송사에 배포한 적도 있답니다.

1997, 98년도가 IMF로 방송사들이 제작을 취소하고 수익사업을 해야 했던 시기였고, 그래서 세일즈에 더 집중한 덕에 2000년대 초반에 한류가 형성되기 시작한 듯합니다.

네, 그렇습니다. 2000년도 전에는 〈사랑이 뭐길래〉가 중국에서 방영되어 많은 인기를 얻었고 〈모델〉, 〈불꽃〉이 베트남에서 히트하고 장동건이 한류를 일으키는 스타가 되었죠. 2003년에 방영된 〈대장금〉 때는 그 규모가 더 확장됐고 해외에서 우리 사극의 가능성을 확인하게 되었습니다.

그때 어떤 분들과 함께 일하셨나요?

그때 함께했던 박재복 국장님은 지금 다른 부서에 계시고, 정해용 부장은 지금도 저희 부서에서 같이 일하고 있고요, 역시 함께했던 허정숙 부장은 지금 다른 부서에서 일하고 있습니다. 정해용 부장과 허정숙 부장은 저보다 MBC 입사는 늦지만 제가 제작부서에서 뛰어다니고 있을 당시 먼저 사업부에서 일하고 있었습니다. 사업부에서 기반을 닦은 분들은 아무래도 작품의 경제적 가치를 평가하는 데 저보다 훨씬 능숙한 편이었습니다.

해외 판매를 처음 시작할 때 기본적인 세일즈 기술은 어떻게 배우셨습니까?

처음에 무작정 방송 콘텐츠 마켓에 갔습니다. 제가 참가한 첫 마켓이 아마 1998년도 싱가포르에서 있었던 MIPAsia일 거예요. 프로그램 홍보를 위해 사무실에서 팩스 보내는 것은 혼자서도 잘할 수 있는 일이지만 실제로 피드백을 받은 경우는 많지 않았습니다. 그래서 마켓에서 마침내 실전을 연습한다는 마음으로 부스에 앉아 허정숙 부장, 정해용 부장의 미팅을 옆에서 참관하곤 했어요. 그들의 대화를 들으면서 미팅을 어떤 방식으로 하는지 파악하고 기술을 습득했습니다. 마켓이 저에게는 커다란 배움의 장이었습니다.

당시 국제 마켓이라면 한국에서 KBS, MBC, SBS, 방송 3사만 다닐 때였을 텐데 방송사들끼리 교류가 있었습니까?

네, 교류가 많았습니다. 초기에는 각 방송사에서 서너 명쯤 참가하는 정도라 한국 방송 3사의 참가자들이 다 같이 모여도 열 명 내외였어요. 3박 4일 중 한 번 이상은 함께 저녁식사를 했어요. MIP이든 MIPAsia든 중국이든 어느 마켓을 가도 마찬가지였습니다. 그래서 자연스럽게 정보를 주고받았죠. 그 시절은 모두 새롭게 한류를 일궈내야 하는 상황이었으니까요. 더욱이 아시아 국가들끼리의 마켓이 아닌 MIP처럼 대규모 국제 마켓에 가면 아무도 저희를 알지 못했고 한국 콘텐츠도 생소하게 취급되었습니다. 방송 3사 모두 식사 약속도 많지 않고 그저 한국 공동관에 저희들끼리만 모여 있는 형국이었죠.

1990년대 말, 2000년대 초반까지도 그랬겠네요. 그래도 방송사별로 조금씩 판매되었던 때 아닌가요?

MIPTV, MIPCOM에 관해 말씀드리자면 초기 마켓에서는 판매 실적이 주로 일본에서 나왔고 중동, 카자흐스탄 등의 신규시장은 아직 접촉을 시도하는 중이었습니다. 만일 2백만 불을 판매했다면 그중 1백만 불 이상은 일본에 판매한 액수이고 나머지는 베트남, 홍콩, 타이완 등에 판매한 액수였어요. 신규시장은

1~2십만 불쯤으로 매출이 많지 않았지요. 지금도 신규시장의 매출 규모는 일본, 동남아에 비해 비중이 작지만, 한류 초기 때보다는 한국 콘텐츠를 구매하는 국가가 많이 증가했습니다.

집집마다 채널마다 한국 드라마

보통 일본의 한류를 언급할 때 〈겨울연가〉부터 시작하는데 비슷한 시기에 나온 〈대장금〉의 상황은 어떠했습니까?

일본 시장을 언급하자면 아무래도 〈겨울연가〉가 많이 회자되죠. 〈대장금〉은 타이완에서 크게 성공했는데 이전에는 현대극만 판매됐지, 사극은 한 번도 판매된 적이 없었어요. 더욱이 타이완에는 워낙에 중국 사극이 많기 때문에 한국 사극이 성공할 수 있을지 미심쩍어 초반 판매금액도 높지 않았고요. 이토록 인기 많은 드라마를 어째서 낮은 가격에 판매했냐는 얘기도 나중에 들었는데 실제로 판매하기엔 실험적인 작품이었어요. 그런데 결국 대성공을 거두었습니다. 2004년에 타이완에 〈대장금〉을 처음 판매한 이래 지금까지도 판권이 판매되어 있어요. 재방, 삼방, 사방, 오방, 이런 식으로 케이블 방영권, 지상파 방영권이 거의 20년째 나가 있습니다.

〈대장금〉 이후 다른 드라마들의 반응은 어땠습니까?

현대극의 경우, 타이완이나 홍콩처럼 한류가 인기 있는 지역에는 거의 모든 작품들이 백 프로 판매됐습니다. 〈내 이름은 김삼순〉, 〈궁〉, 〈커피프린스 1호점〉 등을 손꼽을 수 있죠. 신데렐라 스토리가 한국에서와 마찬가지로 외국에서도 잘된 것 같습니다. 이란에 〈주몽〉이 판매됐을 때가 특히 기억에 많이 남습니다. 아무래도 저희 프로그램을 신규시장에 처음으로 판매했을 때 느낀 보람이 컸기 때문일 겁니다. 그전에 〈대장금〉이 워낙 시청률이 좋았기 때문에 〈주몽〉의 홍보에 주력했습니다. 〈대장금〉은 특정 지역에 대한 판매 전략을 따로 갖지 않은 채 전 세계에 판매했고 이란에서는 시청률 80퍼센트라는 믿을 수 없는 수치를 기록했죠. 그 뒤 사극 판매에 자신감이 생겨 MIP에서 벽 한 면 전체를 거대한 사이즈의 〈주몽〉 포스터로 도배했어요. 배우들이 입은 갑옷도 더 빛나 보이고 포스터의 퀄리티가 대단했습니다. 이란에서는 〈대장금〉의 대성공 탓에 다음 사극을 기다리고 있었고 〈주몽〉을 수입하여 방영한 뒤 이 역시 80퍼센트의 시청률을 기록했습니다. 한국 사극의 시청률이 외국에서 이렇게 나온다는 것은 지금으로서도 상당히 놀라운 결과죠.

당시에 배우들이 이란에 초청되지 않았습니까? 배우들이나 제작진과 달리 상대적으로 판매자들은 공개적으로 스포트라이트를 받지 못하는데, 해외 판매에서 가장 큰 보람은 언제 느끼시나요?

방속국이 아닌 송일국 씨 쪽에서 중동의 업체들과 직접 프로모션해서 이란에서 활동했다고 들었습니다. 저는 고가 판매로 포상받는 것 못지않게 해외에서 우리 드라마가 더빙되어 방영되는 것을 현지의 텔레비전으로 볼 때, 마음으로 밀려드는 진짜 보람을 느껴요. 처음 타이완에 한류 붐이 일었을 때는 출장 가서 호텔 방에서 채널을 돌리다 보면 두어 채널에서 한국 드라마를 방영하곤 했죠.

저도 홍콩에서 저녁때 아파트 건너편 건물의 가구들이 전부 〈대장금〉의 똑같은 화면을 시청하는 것을 목격한 적이 있어요. 정말 잘 나가던 시기였죠. 사극이 어째서 잘 팔렸을까요?

사극은 대체 프로그램이 없어서이지 않을까요? 즉 한국 사극은 한국에서만 만들 수 있기에. 예를 들어 스릴러드라마는 미국에 아주 많습니다. 현대물 로맨틱코미디도 현지에 아주 많으니 대체 가능하고요. 작품의 퀄리티에 있어 미국 드라마가 한국 드라마보다 완성도는 높지만 한국 사람들은 한국 배우들이 나오는 한국 드라마를 보고 싶어 하잖아요. 마찬가지로 외국 사람들도 자국의 드라마를 선호하는 경향이 있습니다. 예전에 외국에서 한국 드라마를 많이 수입했을 때엔 자체 제작이 드물었고 제작 능력도 한국보다 낮았었죠. 그런데 이제 그들도 스튜디오를 점차 잘 갖추게 되고 광고 시장도 확대되면서 자기 나라 배우들이 나오는 로맨틱코미디가 한국의 것보다 시청률이 높게 나오게 되니, 한국 드라마를 수입할 돈을 투자해 자기들이 직접 드라마를 만드는 편이 낫다는 사실을 알게 된 겁니다. 오히려 해외에 수출할 수도 있고요. 이렇듯 현대물이라면 자체 드라마를 편성하는 게 경영 수지를 내는 데 있어 여러모로 나을 겁니다. 그 결과로 한국 콘텐츠의 수출이 감소하는 면도 없지 않지만, 동시에 보다 나은 한국 콘텐츠 개발을 자극하는 면도 있다고 봅니다. 외국의 로컬 콘텐츠에 비교되는 한국 콘텐츠만이 가질 수 있는 장점을 살려 새로운 콘텐츠로 시장에서 앞서가는 데 다들 주력하고 있다고 생각합니다.

마켓에서 경험이 쌓이면서 처음 터득하신 판매의 노하우나 전략은 어떤 것이었습니까?

처음엔 한국에서 시청률이 높게 나오는 작품이 있으면 무작정 다른 국가들에 홍보하는 식이었습니다. 이를테면 〈대장금〉을 판매해야겠다고 계획한 것도 한국에서 시청률이 50퍼센트가 넘게 나왔기 때문이었습니다. 그러나 MIP 등의 마켓을 많이 다니고 더 다양한 국가들의 바이어들을 만나고 신규시장들을 접하면서 국가마다 원하는 작품이 다르다는 사실을 파악하게 되더라고요. 다큐멘터리나 다른 장르를 선호하는 곳도 있고, 드라마 중에서도 사극을 원하는 곳, 장편 드라마를 원하는 곳이 있어 국가별로 선별하여 판매에 나서게 되었습니다. 카자흐스탄은 사극을 좋아하는 지역이니 사극을 다 모아 판매 전략을 세운다든지, 로맨틱코미디물들을 모아 홍보자료를 만든다든지, 말하자면 지역별 맞춤으로 판매 전략을 세웠습니다. 마켓을 다니고 구매자들을 많이 만나면서 1~2년쯤 지나고 나서야, 이 지역은 이런 드라마가 맞겠구나 하는 감이 잡히기 시작하더군요. 만일 선임이 전혀 없는 경우라면 더 많은 사람들을 만나야 하고 더 많은 시간을 들여야 할 겁니다. 제가 처음에 마켓에 갔을 땐 따로 임무를 할당받거나 지역을 담당하는 대신, 여기저기 다니며 노하우를 익히고 돌아다녔어요. 판매상담뿐만 아니라 구매상담도 해보면서 말이죠.

당시 국내에 전문가들이 거의 없었을 테니 국내보다 해외 출장 다니면서 배운 게 훨씬 많으셨겠네요.

네, 출장에서 훨씬 많이 배운 것 같습니다. 이를테면 포맷은 이런 것이다, 하고 가르쳐줄 사람은 그때까지만 해도 국내에 거의 없었습니다. 무작정 실전에서 끊임없이 부딪치면서 이런 것이구나 하고 배우곤 했죠.

드라마 이외 다른 장르, 다큐멘터리나 어린이프로그램 등의 판매

상황은 어떠했습니까?

다큐멘터리 판매는 MBC에서 〈아마존의 눈물〉, 〈남극의 눈물〉, 〈북극의 눈물〉 등 눈물 시리즈가 나오면서 언급되었습니다. 신규시장은 문화장벽이 높아 드라마보다 애니메이션이나 다큐멘터리처럼 한국적인 특색이 덜 드러나는 장르들이 훨씬 접근하기가 쉬웠습니다. MIP에 참여하기 시작했을 당시엔 저희 매출의 절반 이상이 아시아 수출에서 나오는 것이었기에, 전 세계 시장을 대상으로 한 MIP에 특화된 마케팅은 거의 없었습니다. 그런데 MIP에서 만난 수많은 신규시장 사람들, 특히 서유럽 사람들은 드라마에는 관심 없고 다큐멘터리만 찾더군요. 그래서 우리가 가진 다큐멘터리를 가공해야겠다 생각하고 어떤 작품이 좋을지 궁리해봤습니다. 그때는 한류 붐이 일기 전이라 국가 기관에서 주최하는 콘퍼런스도 학습할 자료도 많지 않았어요. 그런 상황에서 저희는, 한국적인 소재가 아무래도 외국인들에게 특이하게 다가올 테니 관심을 갖겠다 싶어 불교, 출가 같은 것들을 소개해봤어요. 그런데 실전에 부딪쳐보니 바이어들이 예상 밖으로 그런 소위 한국적인 것에 관심이 별로 없더라고요. 한국적인 것이 가장 세계적이라는 말도 있지만 실제로 그것이 들어맞지 않는 경우들이 많습니다. 한국적인 것보다 공통의 관심사들, 즉 한국에서 만든 것인지 내셔널지오그래픽에서 만든 것인지 분간할 수 없는 것들, 자연을 소재로 하든 인간을 소재로 하든 어떤 보편적인 주제를 다루는 것들이 바이어들이 원하는 것이었어요. 얼음이 녹고 있고 환경이 위험에 처했음을 다룬 〈남극의 눈물〉, 〈북극의 눈물〉 등 눈물 시리즈는 자연을 보여줄 뿐 아니라 전 세계의 공통 관심사인 환경문제를 다루고 있어 외국인들이 관심을 많이 가졌고 바로 판매 성과로 이어졌습니다. 그때부터 저희 라이브러리에서 한국적인 주제보다 좀 더 보편적인 주제를 다루는 다큐멘터리들을 찾아 계속 가공하고 미팅에서 소개하면서 신규시장을 넓혀갈 수 있었습니다.

본사에서 세일즈할 때와 프로덕션에서 세일즈할 때가 어떻게 달랐습니까?

사실 해외 세일즈는 외부 사람들을 상대하는 것이 주요 업무이기 때문에 프로덕션 소속으로 일하든 본사 소속으로 일하든 큰 차이는 없었습니다. 그러나 홍보자료를 지원받고 소통하는 것은 본사에 있을 때 훨씬 수월했습니다. 또 자회사에서 일할 때는 한 건 한 건 판매할 때마다 본사와의 계약 관계를 확인하는 과정을 거쳐야 했는데, 본사에 오면서 그런 복잡한 과정이 없어져 판매에 더 적극적이고 스피디하게 임할 수 있게 됐죠. 그리고 판매를 하다 보면 제작팀에 문의할 일들이 아주 많이 생기는데 그런 것도 본사에 있으니 좀 더 편하게 진행할 수 있었어요.

새 사업, 새 시장, 새 즐거움

해외 세일즈가 제작팀과 더 많이 소통하게 된 것이 아마도 포맷 거래가 부상한 이후였을 것 같은데 MBC에선 언제부터 포맷 거래를 시도했습니까?

과거 기록을 보면 2008년쯤부터 계속 포맷 거래 시도가 있었습니다. 예를 들어, 2008년에는 아직 MIPFormats가 없었지만 MIPTV에 나갈 때 저희 포맷들 중에 판매 가능성이 있다고 본 포맷들의 자료를 준비했습니다. 당시에 잘나가던 〈우리 결혼했어요〉, 〈꼭 한번 만나고 싶다〉 같은 작품들을 가지고 엔데몰Endemol 같은 새로운 업체에 또 맨땅에 헤딩하기로 부딪쳤어요. 어차피 일할 사람이 많지 않아 조직적이고 체계적으로 접근할 수 없었어요. 그냥 책자 보고서 엔데몰에서 포맷을 구매하는 사람은 누구고, 아시아 쪽 포맷 담당은 누구인가 체크해서 찾아갔어요. 그러니까 저희처럼 맨땅에 헤딩하는 데 익숙한 이들은 MIP을 굉장히 잘 활용했다고 볼 수 있죠. 무작정 한번 만나보자 하고 메이저사에 들어가 미팅했어요. 덜덜 떨면서도, 우리한테 정말 괜찮은 포맷이 있다고 얘기하면서요. 국제 마켓에서 그런 메이저사들은 물론 부스도 따로 마련되어 있고 디자인도 정말 걸출합니다. 이를테면 저희 부스는 아무나 부담 없이 드나들 수 있게 항상 오픈되어 있는 반면, 이 메이저사들의 부스는 약속을 미리 잡지 않으면

들어갈 수도 없고 안내 리셉션이 따로 있어 방문객들을 일일이 체크할 뿐만 아니라 자그마한 룸에 들어가 문을 닫고 미팅하게 되어 있어요. 그리고 우리에게 이런 포맷이 있다고 소개하면 서양인들 특유의 자상함과 친절함으로 응대해주지만 미팅 이후에 따로 연락을 받은 경우는 거의 없습니다. 그렇게 맨땅에 헤딩하기를 계속하다 보니 콘텐츠진흥원에서 포맷과 관련한 워크숍을 여러 차례 주최해 많은 외국인 전문가들이 한국을 방문하게 됐고 그러면서 한국의 포맷들이 국제 시장에서 조금씩 관심을 받기 시작했습니다. 국내에서 포맷에 대한 관심도 커졌고요. 이미 많이 판매되어온 일본 포맷이 지닌 어떤 획일성으로부터 외국인 구매자들이 한국의 포맷으로 눈을 돌리게 된 듯싶습니다. 아시아 콘텐츠로는 일본 작품에만 익숙했던 그들에게 한국 콘텐츠가 아시아 시장에서 굉장한 인기를 누린다는 것이 놀라웠을 거예요. 한류가 성한 시기에는 한국 드라마가 거의 아시아를 점령하고 있었으니까요.

2008년에 금융위기가 전 세계를 뒤덮었을 때 MIP 마켓의 참가자가 감소한 적이 있었습니다. 그럼에도, 대체 한국 프로그램이 어떻기에 그렇게도 잘나가는가 하고 외국인들의 질문이 빗발쳤죠. 2010년까지 그 추세가 이어졌던 것 같네요.

2010년에는 〈우리 결혼했어요〉 포맷을 터키에 판매했습니다. 지상파방송 ShowTV에서 같은 해 말에 터키판 〈우리 결혼했어요〉를 제작했어요. 그전에 판매된 중국을 논외로 친다면, 우리가 목표했던 포맷 판매의 첫 해외 진출이었습니다. 국내 방송이 진행 중이었던지라 플라잉 PD로 터키까지 가서 제작을 지도하기 어려운 상황이었기 때문에, 터키에서 제작자 두 명이 한국에 왔어요. 일주일간 저희 PD와 인터뷰도 하고 제작 현장에 가서 카메라 워크가 어떻게 이루어지는지도 살폈죠. 한국에 처음 온 분들이라 이곳저곳 소개해주기도 했고요.

드라마는 만들어놓은 것을 판매하는 것이니 각 지역에 맞는 판매 전략을 세우면 되지만, 포맷은 그것과 다르잖아요. 새로운 일에 도전하는 것에 두려움은 없으셨습니까?

오히려 재미있었던 것 같아요. 물론 드라마를 판매하는 것과는 아주 다릅니다. 사실 1998년부터 2010년경까지 계속 판매에만 매진했기 때문에, 10년간 어느 정도 틀에 박힌 일을 해왔다고 할 수 있습니다. 그러다가 포맷 판매라는 새로운 일에 뛰어들면서 신규시장을 개척할 수 있다는 가능성이 저를 굉장히 신나게 했던 것 같아요. 그때까지 드라마가 판매되는 시장은 아시아로 한정되어 있었습니다. 저희의 숙제는, 아시아 시장을 계속 유지하면서 동시에 아시아 바깥으로 시장을 넓혀나가는 것이었거든요.

그래서 당시에 남미 등과 드라마를 공동제작하려는 시도가 여러 번 있지 않았습니까?

그럴 수밖에 없었던 것이, 판매에 있어 항상 문화장벽이 걸림돌이었습니다. 우리와 생김새가 다른 이들에게 우리 드라마를 판매하기는 굉장히 어려웠습니다. 그래서 공동제작을 여러 차례 시도했습니다만, 한국 안에서 한국 업체들끼리 공동제작하는 것도 쉽지 않은데, 멀리 떨어진 다른 나라의 회사들과 공동제작하는 것이 보통 일이 아니더라고요. 일본과의 사례를 들어보자면, 한국 배우 원빈과 일본 배우 후카다 쿄코가 함께 출연한 드라마 〈프렌즈〉는 제가 MBC프로덕션에 있을 때 TBS와 제작한 작품입니다. 드라마 제작에 자부심을 갖고 있던 일본에 한류의 물꼬를 튼 대단히 중요한 계기였다고 봅니다. 이때는 일본에서 한국 드라마를 많이 구매하던 시기가 아직 아니었거든요. 이 공동제작은 2002년도 한일 월드컵 공동개최를 맞아, 상업적인 목적보다 교류와 친목이 목적이었습니다. 드라마 4회분을 만드는데, 2회는 한국에서 한국 PD가 만들고, 나머지 2회는 일본에서 일본 PD가 만들고, 주인공 커플이 1, 2회는 한국에서 살다가 3, 4회는 일본에서 사는 등의 방식이었죠. 한국과 일본 양쪽이 모든 가능성을 동등하게 나눠 갖는 몹시 까다로운 공동제작이었어요. 결과적으로 이 드라마로 원빈이 일본에 널리 알려지고 열성 팬들이 생겨나면서 한국 드라마에 대한 관심이 커졌죠. 이런 프로젝트를 비아시아권 국가와 하는 것도 추진은 많이 해봤는데 쉽지 않았습니다.

〈우리 결혼했어요〉 이후 포맷 사업은 어떻게 진행되었습니까?

〈우리 결혼했어요〉의 터키 판매를 계기로 외국에서 한국의 포맷 시장에 관심을 많이 갖게 되면서 특히 〈무한도전〉에 대해 문의를 많이 해왔습니다. 한국 예능프로그램 포맷에서 참고할 만한 것이 뭐가 있을까 들여다보는데 몇백 회 방송되는 내내 시청률이 톱이고 엄청난 팬들이 있으니 궁금해하지 않을 도리가 없었죠. 〈무한도전〉의 경우는 제가 홍보하기도 전에 문의를 많이 받았습니다. 〈무한도전〉은 만일 1백 회가 방송되었다 하면 거의 1백 가지 포맷을 지닌 방대한 프로그램이라서 간단히 소개하기가 쉽지 않았습니다.

〈무한도전〉을 해외에 론칭할 때 어떻게 준비하셨습니까?

콘텐츠진흥원의 지원으로 마케팅 자료와 포맷을 준비하고 바이블Bible도 만들었습니다. 약간 모자란 남자들 여섯 명이 모여 기상천외한 도전을 실행하는데 이 도전에 1백 가지의 프로젝트가 있다고 소개했어요. '기네스북에 도전하기'에서부터 '목욕탕 물 퍼내기' 같은 육체적인 것도 포함되고.

〈무한도전〉의 전설로 꼽히는 게 '지하철과 백 미터 달리기' 아닌가요?

네, 그런 육체적인 도전들도 많고, 아주 지능적인 도전들도 많지요. 홍보자료 준비할 땐, 그런 두드러지는 프로젝트들을 나열하면서, 메인 포맷은 우스꽝스럽고 어딘지 모자란 여섯 명의 남자들의 어떤 도전기라고 소개했어요. 사실 이런 캐스팅은 그 자체로 쉽지 않은 데다 여섯 명을 한 방송사에서 십 년간 끌고 간다는 게 보통 일이 아니죠. 그래서 지금도 〈무한도전〉을 계속 홍보하는 한편으로 가장 재미있다고 뽑은 열 개 정도의 프로젝트를 각각 다른 포맷으로도 소개하고 있습니다. 그중 제가 기발하다고 생각한 프로젝트가 '못생긴 친구를 소개합니다'라는 도전이었어요. 미인대회와 반대로 가장 못생긴 사람을 뽑는 경연대회였죠. 예를 들면 시합 하나가, 아침에 깨자마자 이들 중에 누가 제일 못생겼나를 판가름하는 건데, 통상적인 미인대회의 역으로 가는 굉장히 스마트한 포맷이죠. 그런 포맷이 너무 많은 거예요. 〈무한도전〉은 정말 재미있긴 하지만, 이 많고 많은 포맷을 구매하기 쉽게 효율적으로 포장하고 소개하는 것이 여전히 저희 숙제로 남아 있는 포맷입니다. 어느 해외 방송사든 편성을 시작하는 순간 10년 동안 톱 시청률을 보장할 수 있다고 홍보하고 있습니다.

만드는 사람과 파는 사람

제작하는 사람이 직접 세일즈에 뛰어드는 것에 대해서는 어떻게 생각하십니까?

제작하다가 세일즈로 가거나 세일즈를 하다가 제작으로 가는 건 괜찮지만 동시에 두 가지를 병행하는 것이 과연 괜찮을지는 모르겠네요. 즉 제작할 땐 작품에 몰입하여 완성도를 높여야 하고, 판매할 땐 작품에 수치로 가치를 매겨 경영 마인드로 접근해야 하는데, 두 가지 중 어느 한 가지에 강조점을 둘 필요는 있을 것 같습니다. 언뜻 떠오르는 사례가 있는데요, 한창 한류의 인기가 치솟았을 때 제작하는 쪽에서 작품에 몰입하는 대신 상업적 가치를 너무 따진 나머지 캐스팅만 화려하고 드라마의 시놉시스는 재미없게 나온 경우들이 있었습니다. 두 가지를 한 사람이 동시에 추구하다 보면 실패할 가능성이 분명 있습니다. 초기의 한류 시장에서 이런 시행착오가 곧잘 있었죠. 저는 세일즈 담당이긴 하지만, 작품의 완성도가 가장 중요하다고 봅니다. 작품이 형편없는데도 한류스타를 데려와 포장만 화려하게 꾸미는 것은 바람직한 한류가 아니라고 봅니다.

일반 회사와 달리 콘텐츠 분야는 세일즈 쪽에서 제작 쪽에 영향을 끼치기가 어려운 듯한데 어떻게 보십니까?

예전에는 방송국의 꽃은 PD라는 말이 있을 정도로 영업보다 제작 쪽에 힘이 더 실렸던 게 사실입니다. 우선 프로그램을 만드는 것이 중요하고 그것을 판매하는 것은 부차적이라고 간주했던 거죠. 그러나 요샌 많이 바뀌고 있습니다. 방송프로그램도 영화판과 마찬가지로 시스템이 달라지고 있습니다. 이제는 넷플릭스 같은 글로벌 채널을 통해 전 세계로 작품들이 유통되기 때문에 PD들도 궁극적인 목표를 국내 방송을 넘어 외국에 소개되는 것까지로 고려하고 있습니다. 기획단계에서부터 사업팀과 보다 많은 소통을 시도합니다. 어떤 캐스팅을 했을 때 해외에서 많이 보느냐, 어떤 장르가 해외에서 잘 먹히느냐, 해외에서 어떤 프로그램들이 제작되느냐 질문하고 마켓과 콘퍼런스에도 많이 참석합니다. 제작과 세일즈 사이의 벽이 점차 낮아진다고 느낍니다.

약 20년간 세일즈 파트에 계시면서 해외사업의 업무 영역이 점차 넓어진다고 느끼십니까?

네, 넓어진다고 느낍니다. 전에는 이미 만들어놓은 드라마를 해외시장에 홍보했습니다. 〈대장금〉만 해도 해외에 판매하기 위해 만든 드라마는 아니었잖아요. 미천한 자리에서 시작한 한 여자의 성공 스토리라는 누구나 좋아할 소재가 드라마 안에 있었고, 그것을 끄집어내어 홍보하면서 판매가 성사되었습니다. 그러나 지금은 PD들이 프로그램을 만들기 전에, 해외에서 어떤 드라마들이 인기를 얻는지 알아보고 그 세계적 트렌드에 맞춘 드라마를 제작하고자 합니다. 그러다 보니 세일즈 파트와도 소통을 많이 하죠. 해외 바이어의 투자를 받은 공동제작 등 새로운 방식의 제작들도 논의되고 있고요. 요컨대 예전의 한류는 이미 만들어놓은 것을 그냥 해외에 배포하여 이루어진 성과였지만, 지금은 해외에서 선호할 프로젝트를 먼저 기획단계에서부터 논의하고 있습니다.

제작자들이 자기만의 색깔을 갖듯 세일즈맨으로서 자신의 색깔을 정의한다면요?

진솔한 세일즈맨이랄까요. 저는 판매자도 구매자도 항상 함께 윈윈해야 거래 관계가 지속된다고 생각합니다. 우리가 높은 판매 수익을 올렸음에도 저들이 자국에서 상업적으로 실패하여 다시는 우리 회사를 찾아오지 않게 된다면 그것은 결과적으로 좋은 성과라고 볼 수 없습니다. 고가로 판매한 것이 수출의 끝이 아니라, 바이어가 자국에서 얼마만큼 성과를 거두었는지 고려하는 것이야말로 수출의 완성단계라고 생각합니다. 바이어도 성공해야 계속 찾아오겠죠. 저희는 콘텐츠를 지속적으로 제작하고 있기 때문에, 드라마 한 편을 비싸게 판매한 것을 수출의 성공이라고 간주하지 않습니다. 저희 회사 브랜드를 가진 콘텐츠가 되도록 많은 나라에서 지속적으로 인기리에 시청되는 것이 성공이라고 생각해요.

한 명의 바이어와 보통 몇 년 정도 관계를 유지하게 됩니까?

이 분야에서 바이어들과의 관계는 굉장히 오래가는 편입니다. 제가 가장 오랫동안 담당한 지역이 타이완과 베트남인데 거의 20년 되었습니다. 20년 전에 처음 만나 지금까지도 관계를 유지하는 바이어들이 꽤 됩니다. 예전에 유선방송들이 대세였을 때엔 관계가 오래 지속되는 편이었는데, 요새 OTT(Over the top) 시장이 부상하면서 새로운 바이어들이 많이 들어와 빠른 속도로 변화하고 있습니다.

바이어들과의 개인적인 네트워크가 회사의 네임 밸류나 작품의 퀄리티에 견주어볼 때 판매에 어느 정도의 영향력이 있을까요?

제가 봤을 때엔 개인적인 네트워크보다는 회사가 지닌 콘텐츠의 퀄리티가 더 중요한 것 같습니다. 아무리 친밀한 관계라 해도 재미없는 작품을 구매해줄 리 없죠. 물론 친분이 쌓여 있으면 비슷한 퀄리티의 타사 작품이 있는 경우 아무래도 제가 내놓은 MBC의 작품을 한 번 더 봐주기는 합니다만.

10년 이상 관계가 쌓이면 거래 당사자의 추천작을 신뢰하는 경우가 많은 것 같습니다. 그런데 최근에 3년 이상 업계에 종사하는 세일즈맨이 점점 줄어들고 있어요. 방송사뿐만 아니라 다른 업체들에서도 3년 이상 자기 자리를 버티는 사람이 드물어진 듯합니다.

주니어들이 다른 부서로 가는 경우가 있긴 한데 잘라 말하긴 어렵습니다. 제가 20년 전부터 해외사업부에서 일을 시작하면서 함께했던 이들은 지금까지도 이 분야를 지키고 있는 경우가 많습니다. 아마도 시장 상황의 변화가 영향을 끼쳤을 수 있겠네요.

혹시 이미 주요 작품들은 판매가 모두 완료되었다는 사실이 요인이 될 수 있을까요?

예전처럼 판매가 잘되지 않는다는 것은 사실일 겁니다. 한류의 붐을 이뤘던 시기인 2003~2005년은 판매자 시장(Seller's Market)이라고 불렀어요. 프로그램을 구매하겠다고 여기저기서 모여들었으니 판매자들이 주도권을 쥐고 있었죠. 그런데 지금은 콘텐츠도 매체도 훨씬 많아져, 판매가 예전 같지 않습니다. 다른 아시아 지역들도 자체 콘텐츠를 많이 제작하고 있고요. 한국 콘텐츠의 단가는 많이 높아졌지만 이제 다른 나라들이 더 저렴한 제작비로 만든 콘텐츠들도 퀄리티가 향상되어 한국 드라마를 대체할 수 있는 외국 콘텐츠들이 늘어났습니다. 그러다 보니 한류의 붐이라고 우리가 만든 건 다 판매되던 시장은 더 이상 없죠. 아마 젊은 세일즈맨들은 그렇게 활발하게 일하던 시기를 경험하지 못했기 때문에 계속해서 업계를 지키기가 어려울 수도 있을 것입니다. 하지만 한류의 형태가 바뀌었을 뿐이지, 지금은 새로운 매체에 대응하는 새로운 한류가 있습니다. 그 변화가 어찌나 빠른지, 제가 한 일이 한류를 꾸준하게 키우는 것이었다면, 지금의 젊은 세일즈맨들의 중요한 일은 새로운 미디어 환경에 신속하게 한류를 접목하는 것일 겁니다.

세일즈 분석을 제작팀에서도 공유합니까?

네, 세일즈팀의 분석을 함께 공유합니다. 사실 한류가 호황을 이루었던 시기에는 로맨틱코미디물의 힘이 컸습니다. 그러나 지금 방송되는 드라마들을 보면 장르물이 많이 늘어났죠. 한국에서 이제 로코를 약간 구식으로 간주하는 경향이 있는 것 같습니다. 지금은 상당한 규모의 제작비가 투자된 대작, 스릴러물, 소위 미국 드라마 스타일의 프로그램들이 국내에서 성공을 거두고 젊은 시청자들에게서 인기를 끌고 있죠. 그런데 그간 한류를 좋아했던 해외 시청자들의 시각에서 실제로 한류는 로코였지 스릴러 장르는 아니었거든요. 한국의 장르가 스릴러로 변하고 있는데, 그들 시각에서는 그런 스릴러라면 미드에도 많은데? 이런 식인 겁니다. 외국 사람들이 생각하는 한류는 로코, 또는 슬프고 말랑말랑한 드라마였는데 장르의 패턴이 변화하면서 그들의 흥미가 어느 정도 떨어졌다는 사실도 인정해야 할 것입니다. 제작팀도 이 사실을 인지하고 있고 수출의 가능성을 고려하긴 하지만, 한국 시장의 변화에 맞추는 것이 보다 우선순위일 수밖에 없습니다. 단지 해외 판매를 위해 현재 한국 드라마의 대세를 무시하고 계속 로코를 만들기가 쉽지는 않을 거라 생각됩니다.

영업을 위해 필요한 부분이 제작에 반영될 수 없는 그런 상황이라면, 제작 상황의 변화에 맞춰 영업의 스타일을 바꿔야 하지 않습니까?

물론 영업 스타일을 바꾸는 것이 필요하지만, 한류 시장에서의 요구사항이나 취향이 쉽게 변하지 않습니다. 따라서 이제 예능프로그램이나 포맷 쪽으로 시장을 새롭게 엶으로써 판매 장르를 다양화하는 중입니다. 사실 국내 스릴러물 제작이 많아지는 것이 단지 국내 시청자들의 취향에 맞추기 때문만은 아닐 겁니다. 2003년경의 한류는 동남아 위주의 시장이었지만, 지금은 미국 시장도 열리고 있고, 남미 시장까지 열리는 상황이죠. 한류의 범위가 확대될 필요는 있지요.

최근에 〈복면가왕〉이 수출되면서 다른 프로그램들도 함께 수출될 기미가 보이지 않나요?

다른 프로그램들까지 동시에 수출되진 않았지만 〈복면가왕〉의 반응이 좋으니 또 어떤 프로그램들이 있을지 주시하고 있는 것 같습니다. 계속 홍보하고 판매할 포맷을 찾고 개발하고 있습니다.

세일즈맨의 시각으로 보는 한류 콘텐츠의 미래는 어떤가요? 실질적으로 무엇이 필요할까요?

이제 프로그램의 방영권을 판매하는 시장은 점차 작아지고 있어요. 해외 방송사와 공동제작을 한다든지, 포맷을 판매하여 로컬리제이션Localization(현지 제작)을 통해 로컬 미디어 시장의 저변을 확대해나가는 방법이 있을 것 같아요. 한류의 나이가 좀 많은 편이지만 세계 각국의 젊은 층을 끌어들이려는 노력도 필요하고요. OTT를 보는 젊은 시청자들의 눈과 마음을 사로잡을 새로운 콘텐츠, 웹콘텐츠 등 다양한 시도들이 필요할 것입니다.

이 업계에 들어오고 싶어 하는 사람이 있다면 어떤 조언을 해주시겠습니까?

지난 역사를 잘 알고 있는 사람으로서 볼 때 미디어 업계는 변화가 상당히 많은 분야입니다. 한류가 전혀 없던 시절도 있었잖아요. 즉 이 업계의 현황을 신속하게 파악하고 경험을 넓히는 게 가장 중요합니다. 제가 이 업계에서 일을 시작했을 당시엔 한류가 그리 성하지 않았던지라 프로그램 하나하나에 마음을 담아 홍보할 수 있었습니다. 지금은 재미있던 한 시절의 추억이죠. 물론 개별 콘텐츠는 여전히 중요하지만 시대의 흐름을 따라갈 필요가 있어요. 콘텐츠가 너무 많고 경우의 수가 너무 많습니다. 예전에는 지상파, 케이블 정도였는데 지금은 새로운 매체들이 더 많아졌고, 계속 생겨나고 있지요. 유튜브만 해도 이미 올드하게 느껴질 정도로 새로운 매체들이 많아, 웬만큼 부지런하지 않고서는 전부 다 경험하기도 힘들더라고요. OTT가 빅스크린으로 오고 빅스크린이 모바일로 가고 모든 것이 혼용되고 또 새로 생기고 있는 시대에 사람들이 향유하는 매체가 무엇인지, 또 각 매체별로 어떤 콘텐츠를 제공해야 효과적일지 등을 민첩하게 파악하고 가능한 한 다양하게 경험해야 합니다. 또 그런 미디어 환경과 변화의 속도가 나라마다 다르기에 해외 수출을 위해서는 더 넓고 많은 정보에 깨어 있어야 하고요. 물론 모든 업무의 중심에는 콘텐츠가 있다는 것을 기억해야 할 겁니다. 콘텐츠를 정확하게 분석하는 능력과 콘텐츠에 대한 애정이 이 모든 업무의 가장 중심에 놓여야 하지 않겠습니까.

"한류의 붐이라고 우리가 만든 건 다 판매되던 시장은 더 이상 없죠. 하지만 한류의 형태가 바뀌었을 뿐이지, 지금은 새로운 매체에 대응하는 새로운 한류가 있습니다. 제가 한 일이 한류를 꾸준하게 키우는 것이었다면, 지금의 젊은 세일즈맨들의 중요한 일은 새로운 미디어 환경에 신속하게 한류를 접목하는 것일 겁니다."

2014 ATF 싱가포르

한류의 시조새가 처음 날아오른 이야기

SBS미디어넷 드라마CP 권호진

1965년생. 한국외국어대학교 러시아어과 졸업. 서강대 언론대학원 방송 전공 수료. 컬럼비아대학교 WEAI 수료. 1990년에 LG종합상사 전략사업실 입사. 1992년에 SBS프로덕션 영상사업팀으로 이직. 2009년부터 SBS CNBC 채널사업실 방송제작팀 부장, 2013년부터 SBS미디어넷 편성기획실 콘텐츠프로모션팀장, 2016년부터 현재까지 SBS미디어넷 드라마CP 부국장을 맡고 있음. 2003년 문화관광부장관 표창.

ⓒ 유동영

"다년간 쌓인 경험과 노하우가 단절되지 않고 제대로 전수되는 시스템이 필요합니다."

대학에서 무엇을 전공하고 어떻게 직장생활을 시작하셨나요?

대학에서 전공은 러시아어, 부전공은 영어였습니다. 톨스토이를 좋아한 문학청년이었고, 영어와 다른 언어를 병행하는 게 나름 경쟁력을 높일 수 있으리라 생각했습니다. 처음엔 동시통역에 관심을 가졌는데 시간이 지나면서, 외국어 소통을 매개로 해서 문화와 관련된 일을 하겠다는 막연한 꿈을 갖게 되어 대학원 진학을 결심했죠. 그런데 제가 졸업하던 시기에 소련이 붕괴되면서 러시아라는 큰 시장이 부상했습니다. 갑자기 러시아어 전공자들에게 좋은 기회들이 몰려와 저도 그 바람에 합류하여 LG에 입사하게 됐습니다. 당시 LG종합상사에서는 지역 전문가를 양성하기 위해 러시아에 주재원으로 보내줄 수 있으니 그곳에서 일하면서, 원하면 공부도 병행할 수 있다는 제안까지 주었습니다. 마다할 이유가 없었고, 그렇게 사회에 첫발을 내딛게 되었습니다. 여의도 트윈타워로 출근하기 시작했죠. 인재들이 모이는 곳이라고 자랑스러워하면서 말입니다. 그럼에도 제 인생이 이후 다른 길로 옮겨갈 조짐이 있었던 것 같아요. 제가 소속된 전략기획실 안에 신규사업팀이라는 곳이 있었는데, 영상 프로그램 같은 것을 조사하고 해외 마켓 출장도 다니면서 새로운 사업을 준비하는 게 재미있어 보이더라고요. 대학 졸업반이었던 88서울올림픽 당시엔 통역요원으로 외국인 취재 기자들을 돕던 중에 제가 일하던 KBS 국제방송센터의 영상편집기를 신기하다고 몰래 만져보다가 크게 혼난 적도 있었고요. 그때 언젠가 방송국에 들어가 편집기를 질리도록 만져보겠다고 마음속으로 각오했죠.

그럼 어떤 계기로 SBS로 이직하셨습니까?

여의도 트윈타워 사무실에서 5.16광장, 그러니까 지금의 여의도공원을 가로질러 바로 건너편에 있던 태영빌딩이 어느 날 SBS라는 간판을 달더라고요. 1991년도였습니다. 그때부터 어떻게 하면 저곳에서 일할 수 있을까 궁리했습니다. 그러다 SBS에 영화부가 있다는 것을 알아내고 그곳에 가기로 마음먹었습니다. 제가 영화를 좋아해서 극장 개봉 영화는 물론이고 TV에서 하는 영화들도 거의 빠짐없이 보면서 영화평론 노트를 써왔거든요. 대학 내에서 틀어주는 명작 영화들도 많이 관람하며 공부했기에 영화 지식이라면 어느 정도 자신이 있었습니다. 당시 SBS 영화부장님이 김세웅 부장님이었습니다. 지금 킴미디어 대표님이시죠. 김세웅 부장님은 제가 찾아가자, 더빙 PD들이 무거운 방송용 테이프들을 옮기는 모습을 가리키면서, 이 직업이 생각보다 힘쓰는 육체노동인데 지금 다니고 있는 대기업 일에 전념하는 게 낫지 않겠냐고 절 설득하셨습니다. 경험 없는 제가 방송일에 맞지 않다고 거절하신 거죠. 그래도 저는 포기하지 않았습니다. 1992년 SBS프로덕션이라는 회사가 설립되었을 때 다시 그곳을 찾아갔습니다. PD 경력이 없는 대신 대기업에서의 수출 업무 경력이 인정되어 마케팅을 담당하게 되었습니다. 제가 원했던 것과 다른 일을 맡게 되었지만 바로 이직했죠.

처음에 입사했을 당시 분위기는 어떠했나요?

바로 사업팀에 배정되어 이 방 저 방 인사를 다니다가 드라마를 기획하는 곳에서 김종학 감독님을 만났습니다. 준비 중인 드라마 제목을 여쭤보니, 아직 가제인데 〈모래시계〉라고 하시더라고요. 얘기 나누다 김종학 감독님이 고등학교 선배라는 것도 알게 됐습니다. 결국 1995년에 방영된 〈모래시계〉는 SBS프로덕션의 창립기념드라마가 됐죠. 1993년에 SBS 창사특집드라마 〈머나먼 쏭바강〉도 있었지만 SBS를 실질적으로 각인시킨 드라마는 〈모래시계〉였습니다. 방영시간엔 거리에 인적이 드물어질 만큼 시청률이 높았으니까요. 〈모래시계〉 덕분에 SBS도 KBS, MBC와 어깨를 나란히 할 정도로 자리를 잡게 되었습니다.

처음에 구체적으로 어떤 업무들을 담당하셨습니까?

SBS 콘텐츠를 가지고 할 수 있는 사업을 개발하는 것이 저희 사업부 업무였습니다. 이를테면 〈그것이 알고 싶다〉를 가지고 출판사업과 연결하는 일을 포함해서 비디오사업, 캐릭터사업, 머천다이징 등 모든 부가사업 말이죠. 그래서 일본이나 미국 방송사들은 어떤 영상물 부가사업들을 하는지 조사하기도 했습니다. 그때 SBS프로덕션에서는 SBS 초창기 마스코트였던 '빛돌이'가 등장하는 〈빛돌이의 우주 2만 리〉라는 애니메이션을 미국의 사반엔터테인먼트Saban Entertainment와 공동제작하게 되었는데 미국 파트너사와의 커뮤니케이션을 제가 담당하면서 해외업무를 시작했습니다.

삶의 단계별 배움을 판매의 노하우로 종합하다

SBS에 아직 수출 담당 부서가 없었습니까?

없었습니다. 당시 KBS영상사업단과 MBC프로덕션에 수출 담당이 생겼다고 해서 담당자분들을 만나보러 갔었어요. 그때 처음 만난 분이 MBC프로덕션 최광암 담당과 KBS영상사업단 박인수 담당이었죠.

방송 3사가 그야말로 방송 비즈니스라는 것을 처음 시작했던 시기이군요.

맞습니다. KBS영상사업단, MBC프로덕션, SBS프로덕션, 이렇게 3개 회사가 처음으로 방송 콘텐츠 비즈니스를 시작한 시기가 바로 그때였습니다.

수입 담당은 수출 담당 부서와 다른 부서에 속했습니까?

네, SBS에 영화팀이 있어서 그곳에서 TV 방송용 영화를 구매했습니다. 그 당시에는 방송사에서 방영하는 영화의 시청률이 기본적으로 20~30퍼센트를 차지할 정도로 높아 굉장히 중요했습니다. 나중에 영화팀 구매업무가 SBS프로덕션으로 이관되어, 제가 만나뵈었던 김세웅 영화부장님이 SBS프로덕션 본부장님으로 오셔서 인연을 이어가게 됐습니다.

그때가 1995년쯤이었나요? 다시 만나 감회가 새로우셨겠네요.

제가 처음 해외 마켓에 나갔던 게 1993년 MIPTV에 SBS프로덕션 프로그램 영상물 수출 담당으로 나간 것이었는데요. 그땐 칸 행사장에서조차 김세웅 부장님을 잘 만나볼 수 없었습니다. 워낙 영화 구매상담 약속이 많으셨으니까요. 반면 저는 아무도 찾지 않는 부스에서 손님을 애타게 기다리며 혼자 앉아 있었죠. 어쩌다 외국 손님들이 부스에 찾아와도 다들 이구동성으로, 어떻게 하면 세웅 킴을 만날 수 있느냐고 묻기만 했고요. 당시 김세웅 부장님은 해외 마켓에서 한국을 대표하는 최고의 바이어였고, 콘텐츠 판매자들이 모두 만나고 싶어 했던, 저에겐 동경의 대상이셨죠. 그런데 그런 분이 우리 회사에 제 직속 본부장님으로 오게 되었으니 얼마나 기뻤겠습니까?

그때는 회사에 프로그램 해외 판매 경험이 있는 사람이 없었겠네요?

없었죠. 제가 처음이었습니다.

SBS에서 최초로 해외에 판매한 프로그램이 뭐였습니까?

제가 최초로 판매한 프로그램은 드라마가 아니었습니다. 한국 드라마가 인기는커녕 해외에서 인지도가 전혀 없을 때였죠. 당시엔 일본 드라마들이 아시아 지역에서 인기가 있었습니다. 〈두려움 없는 사랑〉, 〈머나먼 쏭바강〉, 〈댁의 남편은 어떠십니까〉 등을 VHS 테이프에 녹화해가지고 다니면서 종합상사에서 배운 노하우대로 방문 판매 세일즈맨처럼 열심히 뛰어다녔지만 하나도 안 팔렸어요. 그러다가 팔리기 시작한 것이, 일본 방송사들이 자체 다큐멘터리를 만들 때 필요로 하는 푸티지Footage 영상들이었습니다. 우리 다큐멘터리 전체를 구매하는 게 아니고 일부를 조각낸 푸티지 구매이기 때문에 SBS 프로그램 타이틀을 걸지 못하고 나가는 거죠. 일본 방송국이 주로 원했던 것은 한국의 특이한 일면이나 흥미 위주의 자극적인 소재들이었습니다. 이를테면 〈그것이 알고 싶다〉의 무속인이나 게이 편처럼요.

지금도 간혹 다큐멘터리를 그런 식으로 거래하려는 이들이 있더라고요.

그렇게 푸티지를 판매하면서도 한국 드라마에 관심 좀 가져달라고 틈틈이 말을 꺼내곤 했죠. 영어, 일본어, 중국어로도 번역해서 진짜 열심히 해외 출장 다녔어요. 그러면서 또 소개받는 겁니다. 그때는 해외 방송사들도 많이 몰랐으니 당시 국내에서 위성으로만 시청할 수 있는 홍콩의 StarTV 같은 곳에 연락해서 어렵사리 회사 소개 보내고 이런 프로그램 있는데 관심 가져달라 부탁하고, 그러면 답신도 안 오더라고요. 제가 직접 만나 얘기 좀 하자고 몇 번을 시도해서 겨우 허락 받아내 찾아가 열심히 최선을 다해 설명하면 상대방은 별 관심 없이 듣고는, 온 김에 회사 구경이나 하고 가라는 식이었습니다. 1992년부터 그랬고요, 93년도엔 KBS, MBC가 MIPTV에 간다니 우리도 가야겠다 싶어 준비하고, MIP에 안 나갈 때엔 직접 방문 판매를 다녔습니다. 그 후로도 몇 년 동안은 드라마 한 편도 못 팔았어요. 그러다가 1994년에 StarTV에서 연락이 왔어요. StarTV 계열 피닉스 채널에서 드라마를 론칭하는데 콘텐츠가 굉장히 많이 필요하다, 일본 드라마 위주로 편성할 계획이지만 지금 일본 드라마 가격이 너무 높아 고민이다, 예전에 미스터 권이 보여줬던 SBS 드라마가 일본 드라마와 비슷했다고 기억한다. 듣기 좋은 칭찬은 아니었지만, 일본 드라마와 비슷하다는 그 표현이 당시에는 세일즈 포인트였어요. 그래서 이미 방송된 SBS 드라마들을 선별해 일일이 편집·녹화하고 중국어와 영어로 번역한 자료를 준비해 현지 출장 가서 피칭하고 혼자서 땀 뻘뻘 흘리면서 처음으로 SBS 드라마를 수출한 겁니다.

그때 수출된 작품이 무엇인가요?

창사특집드라마 〈머나먼 쏭바강〉과 〈댁의 남편은 어떠십니까〉가 타이틀을 걸고 제대로 계약되어 해외에 판매된 첫 SBS 드라마들이었습니다. 이전에도 전체로 판매된 다큐멘터리가 몇 편 있었지만, 구매자 측에서 전체를 구매한 뒤에 임의로 자르고 편집해 쓰던 경우였습니다.

입사하고 이삼 년 뒤에 성사된 첫 거래이니 시간이 걸린 편이네요. 다른 방송사도 비슷한 상황이었던 것 같습니다. 1994년경 MIPAsia에 참가한 한국분들 대부분이 수입업무 보는 분들이었죠.

홍콩의 MIPAsia에도 참 열심히 다니면서 SBS 드라마 알리기에 전력을 다했습니다. 이미 해외 방송사 사람들과 친분이 많이 생겼던지라 다른 방송사들의 거래를 도와줄 기회들도 있었고요. 우리 것 먼저 사고 그 집 것 사, 이렇게 농담도 하면서 말이죠. 그때는 해외에서 한국 방송사들끼리 서로 돕고, 교류도 많았고 꽤 가깝게 지냈습니다. 담당자들이 몇 되지 않아 칸에 출장 가서도 꼭 한 번씩은 함께 식사하며 교류하는 자리가 있었죠.

영상물 수출은 종합상사에서 다루는 수출업무와 기본적으로 다른 프로세스인데 어려움은 없으셨습니까?

제 경우는 상반된 분야의 경험들이 오히려 좋은 조합을 이뤘던 것 같습니다. 우선 중고등학생 시절부터 영화와 드라마를 좋아한 할리우드키드였기 때문에 영상물에 대한 애정과 이해를 갖추고 있었고, 대학에서 전공한 외국어도 소통에 큰 도움이 되었습니다. 첫 직장인 종합상사에서는 수출의 기본 지식과 국제 매너, 외국인들과의 협상 기술을 습득할 수 있었죠.

이 분야에서 수출입을 제대로 배워 일하신 분들은 많지 않은 것 같은데 그 강점들이 큰 도움이 되셨겠어요. 그럼 이 분야의 수출입에 대해 가르쳐주는 분들은 따로 없었습니까?

따로 수출업무를 가르쳐주신 분들은 없었지만, 김세웅 부장님이 SBS프로덕션에 제 직속 상사로 오셨을 때, 내가 직접 찾아가 성사되지 못했던 인연이 이렇게 운명처럼 이어지는구나, 꼭 영화 구매 일도 배워야겠다고 쾌재를 불렀죠. 프로그램 구매자의 입장이 되어 일을 배워보고 싶었습니다. 외국 거래선이나 국내의 다른 방송사들이 일하는 것을 어깨너머로 보고 혼자서 프로세스를 만들어왔는데 스스로 부족하다고, 배움이 필요하다고 절실하게 느끼던 시기였거든요. 그 시점에 바이어 입장에서 구매 기술을 익히면, 역지사지로 수출업무에 큰 도움이 되겠더라고요. 구매와 판매가 동전의 앞뒷면이라고 생각했어요. 열심히 따라다니면서 구매업무를 배웠습니다. 특히 워너브라더스, 폭스, 유니버설, 파라마운트, 스튜디오 카날 같은 데서 판매하는 방식, 프레젠테이션 피칭 노하우, 행사 후에 기념품 배포하는 방식까지도 저에게 큰 배움을 주었습니다. 또 LA 스크리닝 등 각종 행사장이 어떻게 준비되고, 프라이빗 스크리닝이나 프라이빗 미팅은 어떻게 준비되는지 보면서 제가 하던 수출 방식이 너무 허접하고 주먹구구였다는 사실을 깨달았죠. 그 배움들을 많이 적용해서 향후 SBS 콘텐츠 수출업무의 수준이 대폭 업그레이드될 수 있었습니다.

거절, 거절, 거절, 그리고 대반전

한류가 시작되기 전에는 한국 드라마 수출이 여전히 쉽지 않았으리라 짐작됩니다만.

〈모래시계〉의 국내 성공 이후 일본에 소개하러 갔던 일이 생각납니다. 1995년에 〈모래시계〉가 대한민국 최고의 화제작으로 회자되었고 고교 선배이기도 한 김종학 감독님의 작품이었으니 일본에 꼭 수출해야겠다고 마음먹었습니다. 마침 예전에 알고 지내던 분이 NHK 임원이 되었더라고요. 그래서 온 신문을 도배한 〈모래시계〉 기사들을 일일이 제본한 것과, 감사하게도 감독님이 해외용으로 만들어주신 여러 버전의 티저 영상을 준비해 직접 일본에 가서 브리핑했습니다. 당연히 일본 관계자분들은 피드백이 좋았습니다. 일본에선 상상할 수도 없는 일이라면서 극찬을 아끼지 않았어요. 저는 다녀와서 현지 반응이 폭발적이라 조만간 계약할 수 있을 거라고 단언했죠. 그런데 그렇게 몇 번 더 출장을 갔는데, 말로만 좋다 하고 계약에 대해서는 진전이 없는 겁니다. 그래서 단도직입적으로 계약 여부에 대해 물으니 저를 따로 불러 얘기하더라고요. 제가 열심히 일하는 것에 피드백을 준 것뿐이지 실제 계약할 생각은 없다는 것이 요지였습니다. 얘기를 듣는데 그 자리에서 얼음이 되더라고요. 호텔 방에 돌아와 앉았는데 눈물이 뚝 떨어졌죠. 지금도 생각나요. 너무도 속상하고, 김종학 감독님을 볼 면목이 없었죠. 그래서 그때 각오했습니다. 언젠가 이 상황을 역전시키리라고.

1997년경부터는 한국 프로그램들이 조금씩 판매되기 시작했을 때인데요.

최고 수준은 아니더라도 최선을 다해 브리핑하며 마케팅

에 임했습니다. SBS프로덕션에서는 제가, KBS영상사업단에선 이상우 팀장, MBC프로덕션에는 박재복 팀장이 수출업무를 담당했죠. 각 방송사마다 좋은 콘텐츠들을 경쟁적으로 수출하기 시작했습니다.

그 시기에 타이완, 홍콩 시장이 부상하기 시작하고 케이블TV도 개국하지 않았습니까? 수출팀에서 유통, 즉 국내 판매도 담당하셨나요?

그렇습니다. 그때 저는 프로그램 수출팀장과 영화 구매팀장을 겸하면서 국내 유통팀도 맡고 있었습니다. 그후 애니메이션 구매 및 제작과 머천다이징을 포함한 애니메이션 사업과 출판을 비롯한 부가사업까지 맡게 되었죠. 그리고 당시에는 다시보기 매뉴얼이 없었기에 방송이 끝나면, 방금 나간 프로그램을 다시 보고 싶다는 시청자들의 전화가 폭주하곤 했는데요, 그럴 때마다 VHS 테이프에 복사본을 만들어 판매했습니다. 그 주문판매 업무까지 제가 담당했으니, 지금 돌이켜보면 능력에 비해 너무 많은 영역의 업무를 맡았던 겁니다. 바꿔 말하면 콘텐츠 비즈니스의 다양성이 아직 충분히 세분화되지 못했다는 거죠.

모든 것들이 첫 시도였으니 그럴 수밖에 없었겠네요. 현재는 여러 부서로 분담되었으니 다행입니다. 그럼 1997년부터 2000년대 초반까지가 제일 바쁜 시기였을 텐데 그때는 한류가 있기 직전인가요?

한류라는 말이 사용되기 시작한 즈음이었습니다. 아시아 시장에 주력해서 타이완, 홍콩에서 큰 성과를 거두기 시작했고 중국 시장도 조금씩 열리면서 말레이시아, 인도네시아 등에서도 각광받기 시작했습니다. 그러던 어느 날 NHK의 콘텐츠 자회사인 마이코MICO에서 제안이 왔어요. NHK 위성TV에 아시아 프로그램 걸작선을 편성하려 하는데 타이완, 홍콩에서 한국 드라마가 인기라는 소식을 들었다는 거였어요. 이미 꽤 많은 작품들이 수출된 상태였죠.

어떤 작품들이 수출되었나요?

〈결혼〉, 〈모래 위의 욕망〉, 그리고 최재성, 고현정이 출연한 〈두려움 없는 사랑〉 등의 히트작들이 있었을 때였죠. 2003년에 한창 방송되고 있던 〈올인〉이라는 드라마를 NHK에 제안했습니다. 비슷한 시기에 KBS미디어에서도 〈겨울연가〉를 보낸 걸로 알고 있습니다. 아시다시피 NHK 위성TV에서 〈겨울연가〉가 크게 성공하자 한국 드라마를 한 편 더 방영하기로 하고 〈올인〉을 내보냈는데 이것이 연달아 큰 성공을 거뒀죠. 〈올인〉은 일본에 처음으로 제대로 수출한 SBS 드라마이자 처음으로 크게 성공한 드라마였습니다. 결국 NHK 지상파TV에서도 〈겨울연가〉가 방영되고 후속으로 〈올인〉도 연달아 히트했습니다. 지상파에서의 성공은 위성에서의 성공과 물론 비교도 할 수 없을 정도였습니다.

2003년, 2004년, 그때부터 한 10년간, 딱 10년간 아주 화려하지 않았습니까?

네, 그때부터가 전성기였습니다. 〈올인〉 성공 이후, NHK에서 SBS의 라인업이 좋다며 다음 작품도 같이하고 싶다기에 제가 다음 작품은 후지TV에 방송하는 것이 목표라고 정중히 거절했습니다. 후지TV는 당시 일본에서 시청률이 제일 높은 방송사로 민간방송사였는데, 시청률을 중시하는 방송사라서 한국 드라마 편성이 어려울 거라고 하더군요. 그런 얘기를 들을수록 더 각오를 새롭게 했습니다. 그래서 후지TV 관계자들을 만나봤는데 역시 문턱이 높더라고요. 〈겨울연가〉와 〈올인〉의 성공 사례도 크게 도움이 되지 않았습니다.

그때까지 일본에서는 아마 한국 드라마의 성공을 일회성이라고 생각했을 거예요.

다들 어려울 거라 했고 바로 거절당했지만 욕심이 나더라고요. 후지TV 대신 후지 계열사들을 전부 찾아다녔습니다. 잘 안 되더라고요. 거절, 거절, 거절. 고민하던 중에, 일본의 광고회사를 만나보는 것도 한 방법이라는 얘기를 들었습니다. 그래서 일본에서 제일 큰 광고회사인 덴쓰를 만났습니다. 그런데 덴쓰에서, 안 그래도 NHK의 성공 사례를 보고는 관심을 갖고 있었다는 겁니다. 저는 〈천국의 계단〉을 제안하면서 〈겨울연가〉나 〈올인〉처럼 일본에서 성공을 장담했습니다. 그랬더니 덴쓰에서 광고주들을 모아 후지TV의 주말 시간대를 사버리더군요. 저는 그렇게도 가능하다는 사실을 처음 알았습니다. 결국 〈천국의 계단〉도 대박이 났습니다. 그제야 후지TV가 한국 드라마의 성공 가능성을 인정하고 차기작에 대한 관심을 표명했습니다. 그러나 저는 〈모래시계〉 때 스스로 다짐했던 대로 일본의 방송사들을 하나하나씩 계약의 목표로 삼고 있었기에, 다음 작품 〈파리의 연인〉은 NTV에 내보냈습니다. 그 계약은 훨씬 쉬웠습니다. NHK, 후지TV의 전례가 있었으니까요.

〈모래시계〉 이후에 〈올인〉, 〈천국의 계단〉, 〈파리의 연인〉을 선택해서 보낸 이유가 있었습니까?

일단 SBS 대표작이기도 했고 일본의 정서를 고려한 것이기도 했습니다. 처음엔 어깨너머로 독학하다시피 했지만, 구매를 담당하면서 외국의 세일즈를 관찰해보니 그들은 지역별로 전략을 세워 일하더군요. 자국에서 히트했다고 무조건 판매를 시도하는 게 아니고요. 즉 지역별 맞춤 전략이 필요하다는 것을 깨달았습니다.

일을 시작하고 7, 8년이 지나야 국가별 시장 상황이 파악되는 것이군요.

〈천국의 계단〉은 〈올인〉보다 타깃이 젊고 배우들도 젊었던지라 NHK보다 민간방송의 대표인 후지TV에 내보내야겠다고 생각했습니다. 시장 전략을 가지고 접근한 케이스였죠. NTV는 후지TV와 NHK의 중간쯤으로 타깃을 잡고 〈파리의 연인〉이 적합하다고 봤습니다. 그렇게 해서 성공한 이후에 TBS에 〈발리에서 생긴 일〉을 수출했습니다. 이렇게 라인업을 가져갔던 게 제 콘텐츠 수출 인생에서 가장 화려한 전성기였습니다.

2006년까지 그렇게 성과를 이루신 거군요. 그럼 다른 곳에 수출한 경험을 바탕으로 나름대로 기준을 세운 상태에서 가격을 협상하셨습니까?

처음엔 한국 드라마가 수출되는 것 자체를 신기해하던 시절인지라 가격 기준이 준비된 상황이 아니었습니다. 일본에 처음 수출할 땐 수출되는 것만으로도 감격스러워 그들이 제시한 가격을 그대로 받아들였죠. 그러나 타이완 시장에 수출할 땐 일본 시장 가격과 많이 비교했고 경쟁까지 있었습니다. 〈파리의 연인〉, 〈발리에서 생긴 일〉을 수출할 때에도 가격 정책을 나름대로 세울 수 있었고요. 일본에 미국 시리즈가 얼마에 수입되는지 타이완이나 중국 프로그램은 얼마에 수입되는지 등을 조사해서 가격을 제안했죠. 그리고 〈올인〉 때부터 로열티 계약을 했습니다.

혹시 애니메이션을 기획한 경험이 있으셔서 로열티 항목을 집어넣으신 게 아닙니까?

기억이 분명하진 않지만 아마 그럴 겁니다. 그런데 NHK도 저도 계약 당시에는 러닝 로열티를 받으리라고 예상하지 않았습니다. 그냥 명목상 집어넣자고 한 것이었습니다. 나중에 예상치 못한 로열티가 들어오니, 이게 뭐지 하고 정말 흥분했죠. 우리가 예상했던 것보다 두 배 이상의 DVD가 판매됐던 겁니다. 알고 보니 한국 드라마의 주요 타깃인 일본 여성 시청자들이 DVD 가격이 한국 것의 거의 2배였음에도 굿즈 개념으로 두 개를 구매한 것이었어요. 한 개는 포장을 뜯어 시청하기 위한 것, 나머지 한 개는 포장을 뜯지 않고 거실 책장에 소장하기 위한 것. 그 때문에 우리가 생각했던 것의 두 배가 판매된 거죠. 〈올인〉, 〈천국의 계단〉, 〈파리의 연인〉, 〈발리에서 생긴 일〉까지 계속 로열티가 들어왔습니다. 게다가 일본 시장은 당시 중국, 타이완, 홍콩 등을 합친 것보다 시장 규모가 컸습니다.

한류의 역사를 돌아보면 답이 보인다

서구에서 볼 때 일본은 아시아 시장이라기보다 미국 다음으로 두 번째로 큰 콘텐츠 시장인데 여기에서 한국 드라마가 히트한다는 사실은 대단히 놀라운 것이었습니다. 그래서 MIP에서도 2005년도 주빈국 개최를 위해 리서치를 하고 김종학 PD님도 만나 여러 가지 이야기를 나눈 바 있죠. 〈미남이시네요〉가 거의 마지막 화제작이었던 것 같습니다. 10년 넘게 사업을 맡아보시다가 분야를 바꾸셨다고 알고 있는데 특별한 이유가 있으셨어요?

사내 사정으로 바뀐 것인데 처음엔 15년 정도 종사해온 분야를 떠나 새로운 분야를 대하는 것이 낯설기도 했지만, 제 업무 영역을 넓히는 기회이기도 했습니다. 글쎄요, 지금까지도 그 분야에 계속 있었더라면 또 다른 일들이 일어났을 수도 있겠죠. 이렇게 생각하셔도 될 겁니다. 제가 콘텐츠 수출의 밭을 갈아 씨를 뿌리고 싹을 내고 꽃을 피우게 했다면 이제 열매를 맺어 수확하는 건 그다음 사람들에게 기회가 주어진 거죠.

그럼 현재 한류 시장 상황이 확연히 좋지 않다는 것에 대해 어떻게 생각하십니까?

지금의 후배들이 이 분야의 역사가 어떠했는지, 즉 어떻게 한류가 처음 개척되고 어떻게 성공이 이어질 수 있었는지 파악하고 그것을 기억하면 좋겠다는 생각이 드네요. 상황이 계속 변화하고는 있지만 여전히 과거에서 배울 점들이 있을 겁니다. 시행착오조차 반면교사로 삼을 수 있는 법이니까요. 그런데 저희는 분야를 막론하고 담당자가 바뀌면 그전의 역사가 무시되는 경향이 있는 것 같습니다. 다년간 쌓인 경험과 노하우가 단절되지 않고 제대로 전수되는 시스템이 필요할 것입니다.

그 점에 대해 외국 회사의 사례를 들어주실 수 있을까요? 외국 회사는 전임자가 반드시 후임자의 손을 잡고 제대로 인수인계하는 분위기, 즉 그런 환경이 갖춰졌다고 알고 있는데요.

외국 회사들은 인수인계도 제대로 하지만 경험과 노하우가 대대로 이어질 수 있는 시스템이 만들어져 있습니다. 이를테면 자문단이라든지 아카데미라든지 혹은 전임자를 고문으로 두기도 하고요. 한국의 업계도 이런 환경이 갖춰졌으면 하는 바람입니다.

지금까지 지난 역사를 들려주셨는데 현재는 SBS에서 구체적으로 어떤 일을 하고 계십니까?

현재 소속은 SBS미디어넷이고, 드라마 기획과 해외 공동제작을 맡고 있습니다. CP(Chief Producer, 책임 프로듀서)가 하는 일이라 할 수 있죠. CP는 PD와 달리 현장 실무보다 전체 기획과 예산 관리를 맡아봅니다. 그리고 해외 경험을 살려 외국의 실력 있는 미디어사들과의 공동제작을 기획하고 있습니다. 함께 대본을 개발하기도 하면서요.

결국 처음에 입사 당시 원했던 제작 파트로 오신 셈이군요.

글쎄요, 우리나라에서 말하는 제작은 말 그대로 카메라를 들고 뛰어다니고 배우들을 직접 디렉팅하는 것을 주로 가리키니, 저같이 현장 경험이 많지 않은 사람이 제작을 한다고 하면 좀 오해가 있을 수 있습니다. 물론 해외에서 제작이라고 하면 이 일을 가리키는 게 맞을 수 있겠죠. 외국에서는 이그제큐티브 프로듀서Executive Producer라고 부르고요.

SBS에 펀딩과 기획을 같이하는 그런 이그제큐티브 프로듀싱의 전례가 있습니까? 커미셔너Commissioner라고도 부를 수 있을 텐데 이것은 과거에 사업 분야에 종사한 경험이 있어야 가능하거든요.

전례가 있었으리라 보지만 확실히는 모르겠습니다. 마케팅을 해온 사람은 제작만 해온 사람과 조금 다른 넓이, 다른 각도의 시각을 가지고 있습니다. 이를테면 현장의 PD들은 드라마를 한 편의 작품으로서 내용에 집중하여 다루겠지만, 마케팅을 했던 사람은 작품 내용에 더해 60분짜리 드라마를 일종의 60분짜리 광고판으로 여길 수도 있다고 봅니다. 해외의 경우 더 다양한 영역들이 겹쳐져 보다 효율적인 환경이 조성되어 있습니다. 제가 대한민국 콘텐츠 업계에서 티커머스(Television Commerce) 쇼핑몰을 처음 시도한 1세대이기도 합니다. 한류가 시작된 초반에는 유명 연예인들의 소속사와 우호적인 관계를 맺고 있어서, 당시 한류스타들의 셀럽숍, 스타숍을 온라인에 만드는 것이 가능했어요.

정말이지 다양한 사업들을 벌이셨군요.

한때 사람들이 저에게 '한류의 시조새'라는 별명을 붙여주기도 했는데, 이 시조새가 화석이 되어 박물관으로 가기 전에 잘 지켜봐주십시오. (웃음)

그토록 다양한 사업들을 처음 시도하고 수많은 성공과 실패를 경험하고 난 한 명의 방송국 커미셔너로서 이제 한류에 대해 어떤 전망을 갖고 계시는지요?

한류를 처음 시작했던 콘텐츠 비즈니스 개척자 중 한 사람으로서, 한류가 지속적으로 업그레이드되어 세계 각국의 시청자들과 콘텐츠 비즈니스 업계에서 인기를 이어가기를 바랍니다.

최근 다른 나라 콘텐츠들의 비약적인 발전을 해외 마켓에서 목격하면서, 상대적으로 한류가 주춤하는 듯한 인상을 받고 있습니다. 저는 체계 없이 주먹구구식으로 콘텐츠 비즈니스를 시작했지만, 지난 28년간 성공과 실패의 교훈과 노하우를 한류 사업, 특히 글로벌 콘텐츠 비즈니스를 추진하려는 현재나 미래의 후배들과 공유할 수 있는 기회가 있었으면 좋겠습니다. 그 후배들이 주도하는 정말 생각지도 못한 새로운 한류의 또 다른 성공과 진화를 기대해봅니다.

"〈올인〉 성공 이후, NHK에서 다음 작품도 같이하고 싶다기에 제가 다음 작품은 후지TV에 방송하는 것이 목표라고 정중히 거절했습니다. 그래서 후지TV 관계자들을 만나봤는데 역시 문턱이 높더라고요. 거절, 거절, 거절. 고민하던 중에, 일본에서 제일 큰 광고회사인 덴쓰를 만났습니다. 저는 〈천국의 계단〉을 제안하면서 〈겨울연가〉나 〈올인〉처럼 성공을 장담했습니다. 그랬더니 덴쓰에서 광고주들을 모아 후지TV의 주말 시간대를 사버리더군요. 결국 〈천국의 계단〉도 대박이 났습니다. 그제야 후지TV가 한국 드라마의 성공 가능성을 인정하고 차기작에 대한 관심을 표명했습니다. 그러나 스스로 다짐했던 대로 일본의 방송사들을 하나하나씩 계약의 목표로 삼고 있었기에, 다음 작품 〈파리의 연인〉은 NTV에 내보냈습니다."

"지난 28년간 성공과 실패의 교훈과 노하우를 한류 사업, 특히 글로벌 콘텐츠 비즈니스를 추진하려는 현재나 미래의 후배들과 공유할 수 있는 기회가 있었으면 좋겠습니다. 그 후배들이 주도하는 정말 생각지도 못한 새로운 한류의 또 다른 성공과 진화를 기대해봅니다."

2019 MIP CHINA

농부의 마음,
성실의 정공법

KBS미디어 해외사업부 글로벌팀 조한상

1970년생. 한국항공대 항공통신 학사. 서울미디어대학원(SMIT) 미디어학(미디어경영) 석사. 1995년 KBS미디어에 입사하여 2005년에 수출사업팀 선임, 2012년부터 신시장팀장, 중화권팀장을 거쳐 2019년 현재 KBS미디어 글로벌팀장으로 재직 중.

ⓒ 유동영

"돌아보면 제가 스스로 약속한 틀을 벗어나지 않고 그 약속을 지켰기에 기회가 왔던 것 같습니다."

대학에서는 무엇을 전공하셨습니까?

대학에서는 항공통신을 전공했고, 나중에 대학원에서 미디어경영을 전공했습니다. 당시 많은 남학생들이 한번쯤 꿈꾸었던 대로, 어렸을 땐 파일럿이 되고 싶었습니다. 그러나 양쪽 시력이 1.0 미만이라 그 꿈을 접었죠. 그때 라식수술을 받은 친구는 지금 항공사 기장으로 일하고 있습니다. 가끔 그 친구를 부러워하기도 했죠.

대학 졸업 후 KBS가 첫 직장이었나요?

네, 첫 직장이었습니다. 사실 대학교 때 이미 삼성에 합격되어 있었는데 KBS미디어의 전신인 KBS영상사업단에서 직원을 뽑는다는 공고가 난 거예요. 그래서 KBS에 이미 입사해 있던 친구에게 KBS영상사업단에 대해서 물어보고는 지원서를 내기로 했습니다. 그 당시 KBS영상사업단은 아파트같이 생긴 KBS 연구동 건물에 있었어요. 서류를 내기 위해 건물로 들어갔는데, 문을 열자마자 바로 사무실이더라고요. 방송사라서 그런지 일하는 직원들이 여유로워 보였습니다. 삼성 연수 들어가면 다리 꼬고 앉지도 못하고 시간 엄수도 철저한 데 반해, KBS영상사업단은 자유로운 분위기가 확 느껴졌습니다.

KBS영상사업단을 선택한 이유가 있었나요?

한 선배에게 자문도 구했습니다. 삼성은 분위기가 엄격한데 KBS는 분위기가 사무적인 것 같지 않고 월급도 많은 듯하다, 더욱이 KBS영상사업단에 비해 삼성 신입사원 인원이 훨씬 많은데 그 많은 이들과의 경쟁에서 밀리지나 않을까 우려된다고요. 그랬더니 선배의 답이 큰 조직인 삼성보다 작은 조직인 KBS영상사업단에서 네 능력을 마음껏 펼쳐 보이면 오히려 더 독보적인 존재가 되지 않겠냐 하더라고요. 그리고 당시 대학생들에게 인기 많았던 데이콤이라는 직장에도 면접을 볼 수 있는 상황이었는데 저희 아버지가 그러시더라고요. 데이콤은 아무래도 신생기업이고, 통신사보다는 방송사인 KBS 이름이 낫겠다. 아버지에게는 KBS의 브랜드 가치가 훨씬 높았던 거죠. 그래서 1995년 11월 1일 KBS영상사업단에 입사했습니다.

입사 뒤에 제일 먼저 하신 업무는 무엇이었습니까?

제일 먼저 한 업무는 방송 장비 수입이었습니다. 1996, 97년에 케이블TV가 생기기 시작해서 KBS영상사업단에서 방송장비를 수입해 케이블방송국에 납품했습니다. 팩스로 보낼 영어 편지를 쓴 뒤에 다른 부서에서 수입을 담당하는 선배님을 찾아갔습니다. 영어 문장을 교정받기 위해서였죠. 그러나 그 업무를 오래 하진 못하고 나중에 영상마케팅팀에 가서 비디오 수입업무를 봤습니다.

비디오 판권을 수입하는 업무 말입니까? 어떤 계기로 그쪽으로 가시게 됐습니까?

그렇죠, 판권 수입. 당시 수입을 총괄하셨던 이정원 선배님이 〈텔레토비〉 방송권을 사면 저는 〈텔레토비〉 비디오 판권을 사는 거예요. 외화 수가 너무 많았고, 방송권 수입업무가 주였기에, 수입부서가 아닌 마케팅부서에서 비디오그램 수입을 별도로 하게 되었죠. 그때 영상사업의 업무를 확장하려고 했거든요. 비디오그램을 출시하기 위해선 모든 걸 BBC월드와이드에서 컨펌받아야 하기에 일이 굉장히 많았습니다. 그러면서 비디오그램의 수입 및 상품 출시 업무가 제대로 세팅되기 시작했습니다.

그럼 수입으로 업무를 시작하셨군요. 그때 업무를 지도해준 선배가 있었습니까?

제가 그 부서의 새로운 업무를 담당하는 것이었기에 따로 선배는 없었습니다. 그러나 수입업무를 담당하면서 이정원 선배님이 많이 가르쳐주셨어요. 제가 수입부서 소속이 아니었으니, 성격이 모나거나 예민했으면 잘 배우지 못했을 거예요. 다행히 제 성격이 무난했던지라 많이 배웠습니다.

그때가 1997년도쯤이었습니까?

아뇨, IMF 이후였어요. 장비 수입 사업은 지속적이지 못했습니다. 비디오그램 구매의 대부분은 BBC 것이었고 프랑스텔레비시옹France Télévisions 것도 있었습니다. 그때 수입한 프로그램들로 〈텔레토비〉, 〈공룡 대탐험〉, 〈고대맹수 대탐험〉 등이 있었죠. BBC 프로그램을 방송하고 비디오 판매도 많이 이루어져 수익이 꽤 있었습니다.

외국에서 여행도 아니고 사업을 하다니

처음으로 간 해외 마켓이 언제였습니까?

2001년 4월 MIPTV였습니다. 제 연차로는 가기 어려운 출장이었는데, 판권 계약을 한 것이 성공해서 마켓에 가볼 기회가 주어졌습니다.

프로그램을 구매할 때 본인이 직접 결정하셨습니까?

기본적으로 방송된 것 가운데 DVD가 될 만한 것을 고르는 일이었으니 어렵지 않았습니다. 그리고 저희 부서에 있는 유통 파트에서도 국내 판매가 잘될 것인지 여부를 문의하면 응답을 잘 주었고요.

당시 수입하신 지 몇 년쯤 되셨던 건가요? 수입업무 보시면서 가장 많이 배우신 게 어떤 부분이었습니까?

한 4년 수입업무를 보았고 중점적으로 배운 것은 계약서 보는 방법이었습니다. 계약서 보는 것이 가장 어려웠거든요. 수입업무 보면서 계약서의 어떤 내용들을 중점적으로 봐야 하는지 이정원 선배님이 많이 가르쳐주셨습니다. 우리가 책임질 부분이 무엇인지 가리키는 단어들, 비용이 어떻게 계산되는지 지시하는 단어들을 유심히 봐야 한다고 강조하셨죠.

대학이나 다른 곳에서 배우지 않은 내용들을 새로 익히는 게 어렵진 않았습니까?

저는 재미있었어요. 일단 해외사업을 한다는 것 자체가 좋았습니다. 제가 대학 시절 외국에 배낭여행을 다녀온 적이 있는데요, 한 달 넘게 무작정 돌아다닌 그 경험이 저에게 크나큰 도움이 됐습니다. 많은 사람들을 만나는 것, 그리고 대화의 필요성,

영어 공부의 중요성을 절실하게 깨달았죠.

다른 방송사에는 어떤 분들이 수입업무를 함께했습니까?

그 당시에는 MBC, SBS, EBS 외화 수입부장님들이 총괄했는데요. 방송국은 지상파가 전부였습니다. 다른 외부 업체에서 수입업무를 보던 분들로는 킴미디어, A9미디어 등이 있었습니다.

2000년대 초반쯤 수출과 수입이 좀 풀리면서 한류가 시작될 시기에 수출팀으로 넘어가셨군요.

인사라는게 참 모를 일인 것이, 저보다 뛰어난 직원들이 많았는데요, 갑자기 제가 수출팀으로 배정된 겁니다. 글쎄요, 단순하게 제가 조직에 순응을 잘하는 것으로 보여서가 아닐까 생각했었어요. 지금 돌이켜보면, 당시 수출국 확대 및 수출액 증대를 위해 수출업무에 인원이 필요했던 것 같습니다. 세계 어디를 가든 바이어를 만나 우리 프로그램을 판매하기 위한 마케팅이 필요한 상황이었죠.

단순히 그런 이유라기보다는 뭔가 다른 가능성이나 장점이 엿보였기에 수출팀으로 가게 된 것이 아닐까요? 그때까지만 해도 수입이 수출보다 훨씬 많은 수익을 가져올 때였죠?

저의 가능성을 봐주셨다면 감사한 일이죠. 그 당시 수출 분야의 수익은 꾸준히 늘어나고 있었습니다. 회사의 주력 사업 중 하나였으니까요.

개인적으로는 생소한 수출업무로 넘어가는 게 힘들지 않으셨습니까? 수출팀의 분위기는 어떠했나요?

생소한 일들을 많이 해보는 것이 결과적으로 제게 좋으리라고 생각했습니다. 거부감은 없었습니다. 만일 지금 다른 파트로 가라 하면 갈 용기를 못 냈을지도 모르죠. 그리고 2005년 조직개편이 있었습니다. 이정원 팀장님이 수출사업팀을 맡았을 때 제가 수출사업팀 선임 팀원이 되었습니다. 생각보다 일찍 중책을 맡게 된 거죠.

그럼 일본에서 〈겨울연가〉가 대성공을 거둔 직후 한창 다른 작품을 문의해오던 때였군요. 당장 다른 작품을 내보내야만 하는 상황이었을 텐데, 수출팀에 오시자마자 맡은 일이 무엇이었습니까?

제가 오자마자 맡은 지역이 일본이었습니다. 워낙에 큰 시장이라 김정욱 씨와 함께 일했습니다. 원래 제작팀에서 제작 프로듀서로 일하고 있었는데 일본어를 굉장히 잘해서 수출을 강화한다는 취지로 합류했죠. 사실 일본이 무엇이든 달라고 손을 내밀고 있던 건 아니었습니다. 당시 드라마의 음악저작권 문제가 심각했었거든요. 제가 보기에는 그때부터 KBS에 수출 시스템이 잡히기 시작했다고 생각합니다. 수출계약서에서 드라마 음악에 대해 제작사 확인 등의 수출계약 문구를 적용했을 겁니다.

KBS의 수출 시스템을 만들 때 업무를 시작하신 거네요. 그럼 해외 수출이 가능한 큐시트나 자료들을 정비하고 계약서를 만들 때 주위에서 도와준 분이나 참고한 자료들이 있었습니까?

없었죠. 제가 가서 만들었으니까요. 그러고 보면 제가 처음으로 한 게 많네요. 비디오그램 수입업무 볼 때도 그랬고요. 타이밍이 우연히 그렇게 맞아떨어진 것 같습니다.

어려운 상황에 몰렸을 때 능력이 더 발휘되는 편이신 것 같은데요. 이후에 일본에서 크게 히트한 작품들에는 무엇이 있습니까?

그때 나온 프로그램들은 웬만하면 다 수출되고 전부 인기를 끌었습니다. 〈겨울연가〉 외에 많이 나간 작품은 〈가을동화〉, 〈풀하우스〉였죠. 〈첫사랑〉도 크게 성공했고요.

수출업무도 예전보다 훨씬 원활하게 진행되었겠네요?

그래도 일본 바이어들이 만만치 않았습니다. 김정욱 씨는 일본 방송사에 수출하는 업무를 맡았고 저는 그 이외의 것들을 맡아보는 식으로 업무를 분리했습니다. 일본 바이어들이 계약하기 아주 까탈스러웠는데 지금 돌아보니 계약서만 잘 작성되면 깔끔하게 이행하는 편이었던 것 같아요.

그 까다로운 일본 바이어들 상대를 끝내고 다음엔 어디로 가셨습니까?

홍콩과 필리핀을 잠시 담당했고요. 다음에 중국을 담당하게 되었습니다. 중국 국영방송 CCTV에 우리가 많이 판매하긴 했는데 CCTV와 직접 거래하는 게 아니라 CCTV가 정한 외부 에이전트들과 거래하는 방식이었습니다. 중국인들의 꽌시關係문화가 있더라고요. 그때는 CCTV에서 장편 드라마를 굉장히 선호했습니다. CCTV에 저희 드라마가 꾸준히 이어 방송되도록 하는 게 가장 큰 목표였죠.

중국에 수출하면서 어려운 점은 없었는지요?

〈보디가드〉 수출 건이 떠오릅니다. 배급사에서 지불을 제때 하지 않아 계약 파기 상황까지 이르기도 했어요. 중국과의 거래가 쉽지 않더라고요. 〈TV동화 행복한 세상〉도 수출되어 방영하려 했는데 아쉽게도 잘 안 됐죠. 그래도 지속적으로 수출 마케팅을 해나갔습니다.

주로 드라마들이 수출되었습니까? 언제까지 판매하셨나요?

드라마 위주로 수출되었고요. 2006년경 다시 조직개편으로 제 담당이 동남아시아, 일본, 중국을 제외한 나머지 지역 전체로 변경되었습니다. 다시 새로운 일을 하는 상황이 된 거죠. 역시 조직의 결정이니 받아들인다는 생각으로 임하긴 했지만 결국 저에게 또 큰 행운이 되었습니다. 따지고 보면 한국 방송에서 수출하는 이들 가운데 전 세계를 커버하여 모든 지역의 실무를 본 사람이 저밖에 없어요.

명품 다큐의 탄생은 철저하게 준비된 프로젝트

거의 모든 지역, 애니메이션을 제외한 모든 장르의 실무를 보신 것 같습니다. 아무도 안 가는 험한 곳에 가서 처음 시작하고 매번 임무를 완수하시는군요. 이번엔 어떻게 일을 시작하셨습니까?

새로운 곳을 맡아 무엇을 해야 하나 살펴보니 아시아를 제외한 그 나머지 지역에서는 드라마가 안 되더라고요. 그래서 다큐멘터리 제작 PD들을 찾아다녔습니다. 이것을 수출해보겠습니다, 하고요.

그때 처음 수출했던 게 〈차마고도〉인가요?

그전에도 자잘하게는 많이 판매했지만, 이것이야말로 KBS의 다큐멘터리라고 알린 건 〈차마고도〉였죠.

〈차마고도〉를 2007년 MIPTV에 외벽광고로 걸었죠. 한국 다큐멘터리 사상 최초였을 뿐 아니라 최고 금액에 판매되었다고 기억합니다.

그리고 가장 많은 국가에 판매된 작품이죠. 그런데 중요했던 것이 뭐냐 하면, 그때 제작팀에 계시던 담당 CP님이 정말 고맙게도 저를 기획회의 자리에 부르셨다는 겁니다.

다큐멘터리 기획회의 할 때, 해외 세일즈하는 사람을 부르는 것은 굉장히 이례적인데요?

그렇죠. 드물죠. 그걸 알고 부르신 겁니다. 어떻게 마케팅 포인트를, 셀링 포인트를 잡을 것이냐부터 시작해서, 미리 선판매하여 홍보하자는 얘기까지 나왔습니다. 공동제작 개념은 아니더라도 선판매를 진행하고 나중에 이들을 공동제작 형태로 집어넣자고 했죠.

그동안 드라마만 판매하다가 새 장르인 다큐멘터리를 판매할 전략은 어떻게 잡았습니까? 드라마의 경우 구매자가 이미 내용과 작품성을 파악하고서 구매하지만 다큐멘터리의 경우는 조건이 달라 어려웠을 듯합니다.

2007년 MIPCOM 때 〈차마고도〉 대형 배너를 걸었는데 2008년이 베이징올림픽이었습니다. 〈차마고도〉는 차마고도의 전 코스를 촬영한 첫 번째 작품이었고요. 당시 관심이 상당히 높았던 티베트까지 넘어가 촬영했습니다. 2008년 베이징올림픽 때문에 전 세계 방송사가 중국 관련 프로그램을 많이 편성하는데 그 타깃을 노렸던 게 딱 맞아떨어졌습니다.

그것을 생각하고서 일부러 그렇게 배치한 겁니까?

그럼요, 미리 생각하고 했죠. 그래서 전략이 맞아떨어졌죠. 제작진에게 선판매를 위한 사전 트레일러를 제작해달라고 요청도 했었습니다. 이전에 다큐멘터리는 제작되고 방영된 다음에 수출했죠. 트레일러라는 건 사전은커녕 사후에도 거의 없었고요. 보통 다큐멘터리가 만들어진 뒤 그 전편에서 샘플링해서 DVD로 보여주고 선정하곤 했는데, 이 경우엔 제작 CP님의 도움으로 트레일러가 미리 만들어진 겁니다. 저는 이제껏 만나왔던 바이어들에게 계속 트레일러를 보여주며 부탁하고 다녔습니다. 반응이 좋았죠.

부탁이라기보다는, 전문용어로 정말 훌륭한 세일즈 피칭을 하신 것이지요. 트레일러의 기획안을 가지고 선판매를 했으니 다큐멘터리 피칭이죠. 아마 국내 다큐멘터리 방송 사상 처음일 겁니다.

MIPTV와 MIPDOC과 더불어 세계 다큐멘터리 마켓인 Sunny Side of the Doc에도 갔습니다. 그곳에서 처음으로 프랑스 Arte에 타임슬롯을 가진 사람도 만났고 BBC 다큐멘터리팀도 만났습니다.

기존의 영업 방식을 넘어, 제작 이전의 기획단계부터 관여하는 대단히 새로운 세일즈 방식을 만드셨네요.

서니사이드든 MIPTV든 저는 마켓이 끝나는 날까지 자리에 앉아 있었습니다. 많은 사람들이 끝나기 전에 자리를 뜨죠. 그런데 메이저 방송사의 바이어들은 첫날 둘째 날엔 바빠서 만날 수가 없어요. 제가 Arte, BBC 등 세계 유수의 방송사의 바이어들을 만났던 기회는 그들이 마켓 마지막 날 떠나기 전에 한 바퀴 돌

때였습니다. 수많은 미팅을 모두 마치고 마지막으로 혹시나 흥미로운 것이 있을까 하고 한 바퀴 도는 거죠. 저는 끝까지 부스에 남아 있었기에 그들을 만날 수 있었고 그들이 〈차마고도〉의 주요 바이어들이 되었습니다.

순전히 본인의 노력으로 획득한 기회였네요.

돌아보면 제가 스스로 약속한 틀을 벗어나지 않고 그것을 지켰기에 기회가 왔던 것 같습니다. 마켓에 왔으면 할 수 있는 한 최선을 다해야 하지 않겠습니까. 물론 계속해서 열정을 가져가는 게 쉽진 않지만요.

드라마가 아닌 다큐멘터리는 스포트라이트를 받기가 쉽지 않았을 때인데, 〈차마고도〉는 정말 많은 스포트라이트를 받았습니다. 다큐멘터리도 수출될 수 있고 수익을 낼 수 있다는 사실을 입증했죠. 그 뒤에도 몇 개의 대형 다큐멘터리들을 연이어 수출하셨고요. 그때의 분위기는 어땠습니까?

KBS 내부에서도 〈차마고도〉 덕분에 대형 다큐멘터리에 대한 관심이 훨씬 많아졌습니다. 예전에 MIP 같은 마켓에서는 아시아 다큐멘터리 하면 NHK였어요. 그런데 KBS가 그것을 넘어선 거죠. 사실 KBS 대형 다큐멘터리, 한국 다큐멘터리의 인지도가 높아지면서, MBC나 EBS의 다큐멘터리도 여러 국가에 수출되었어요. KBS가 대형 다큐멘터리를 이후에도 계속해서 제작하지 못한 점은 많이 아쉽습니다만.

〈차마고도〉 이후 어떤 다큐멘터리를 판매했습니까?

다음 프로젝트로 〈누들로드〉, 〈아무르〉, 〈인간의 땅〉, 〈동물의 건축술〉, 〈요리 인류〉 등이 나왔는데, 그 이후로는 뚜렷이 이어지는 게 없습니다. 〈누들로드〉 때도 마찬가지로 기획단계에서 제작진들과 얘기를 나눴습니다. 저는, 진행자를 쓰면 세계가 공감하는 보편적인 다큐멘터리로 가기가 훨씬 어려워지니 쓰지 말자고 제안했어요.

왜 진행자를 쓰지 말자는 의견을 제안하셨나요?

진행자를 쓰면 대부분 방송사의 바이어들이 선호하지 않았습니다. 그런데 제가 그런 제안을 하니, BBC에 유명한 데이비드 애튼버러David Attenborough도 있지 않냐고 묻더라고요. 제가, 그 사람은 다큐멘터리에 특화된 전문인이라고 답했더니, 제작진은 켄 홈Ken Hom이 꼭 필요한 진행자라고 했어요. 유명인을 진행자로 써서 글로벌 네트워킹을 만들고자 했습니다. 결국 그 기획의도에 따라 작업이 진행되었는데, 켄 홈이 영국에서 방송 활동을 한 방송인이기 때문에 프랑스에서는 안 좋아하더라고요. 그래서, 사전에 수출 협의했던 프랑스텔레비시옹에 방영되지 못하고, Arte에 방영되는 걸로 만족했습니다만, KBS의 글로벌 대형 다큐멘터리는 꾸준히 이어졌습니다.

KBS의 대형 다큐멘터리가 전 세계에 판매되는 기본 틀을 만든 거군요.

그렇죠. 〈차마고도〉를 시작으로 명품 다큐멘터리라는 말도 생겼습니다. 한국의 방송사들이 다큐멘터리의 해외 수출을 위해 마케팅도 강화했고요.

대부분의 방송사들이 다큐멘터리를 어떻게 판매하는지 노하우가 많지 않았을 때였기에 KBS가 거의 독보적으로 다큐멘터리를 판매했죠. 여러 가지 기틀을 마련한 겁니다. 게다가 다큐멘터리 제작 단계에서 해외 세일즈의 의견을 듣게 한 것도 중요한 모멘트였고요.

대형 다큐멘터리가 많이 제작되었으면 좋겠는데, 예산을 포함한 여러 이유로 쉽지 않은 모양입니다. 〈차마고도〉 등 퀄리티 높은 글로벌 다큐멘터리를 만든 제작 PD분들이 KBS에 계시니, 앞으로 상황이 나아져 다시 꾸준히 만들어졌으면 합니다.

외화도 우리 역량도 함께 키우는 수출이어야

그럼 이 일을 4, 5년쯤 하신 거네요. 2010년대 초반쯤일 텐데, 전 세계 방송의 트렌드가 포맷 프로그램으로 넘어갈 때군요.

방송 포맷에 대해 이슈화시킨 분은 은혜정 박사님이라고 봅니다. 실질적으로 지금 포맷이라고 칭하는 내용은 예전의 개념을 많이 확장한 것 같습니다.

그렇죠. 예전에 KBI(한국방송영상산업진흥원)와 KOCCA(한국콘텐츠진흥원)에서 선구적으로 포맷을 리서치한 적이 있었습니다. 다큐멘터리 수출 이후에도 계속 수출팀에 계셨나요?

네, 계속 수출팀에 있었죠. 유럽, 중동 등 신규시장 지역을 맡으면서 주로 다큐멘터리를 판매했습니다. 사실 저는 초창기부터 포맷에 관심이 많았습니다.

어째서 관심이 많으셨나요? 초창기엔 아무도 포맷에 대해 알지 못했는데요.

맞아요. 그럼에도 일찍이 KBI의 은혜정 박사님이 포맷에 대한 애기를 줄곧 해왔고 MIP에 가도 포맷 회사들이 굉장히 많았거든요. 제가 포맷에 지속적으로 관심이 있었음에도 판매까지 바로 연결시키지 못한 이유가 있었습니다. 드라마 포맷에 대해서는 미처 생각하지 못했을 때 예능 포맷을 검토해보니 KBS의 포맷이 타사 것들과 비슷하고 전혀 독특하지 않더라고요. 도대체 왜 그럴까 의아스러웠죠. MIP에서 일본 방송사, 제작사들이 포맷 스크리닝하는 것을 본 적이 있는데 진짜 기발한 아이디어, 새로운 콘셉트로 예능프로그램을 만들고 있었습니다.

해외 마켓에서 세계 트렌드가 바뀌는 것을 보고 관심이 생겨 별도로 리서치를 하신 거네요.

그렇죠. 그래서 예능프로그램을 제작하는 PD님도 만나 우리만의 독특한 포맷을 제작해서 방송하는 것에 대해 얘기해봤는데, KBS는 타사보다 시청자의 스펙트럼이 폭넓기에 일반적인 것을 주로 제작한다고 하시더라고요. 즉 너무 독특한 것에 초점을 맞춘 포맷은 선정되기 어렵다고. KBS 예능프로그램이 포맷 수출엔 그다지 적합하지 않다는 점이 저로서는 무척 아쉬웠을 수밖에요. 그래서 드라마로 눈을 돌렸습니다. 포맷으로서 우리가 가진 강점이 무엇이 될 수 있을지 검토했죠.

정말 궁할 경우 열심히 탐구하면 답이 나오는 거로군요.

맞는 것 같습니다. 터키에 한국 드라마 포맷이 많이 나가고 있는데 제가 처음 시작했습니다. 터키 드라마에서 한국 드라마 포맷이 처음으로 적용된 것이 〈Sorry I love you(미안하다 사랑한다)〉입니다. 제가 직접 그 감독을 만나 시작된 겁니다.

일반적으로 포맷 세일즈를 할 때 프로듀서들끼리 하지, 세일즈하는 사람이 피칭하는 경우는 당시엔 드물었습니다. 더군다나 판매자가 구매자에게 하는 것도 아니고, 직접 감독이나 제작자 앞에서 피칭하는 경우는 거의 없죠. 도대체 어떻게 그 생각을 하셨습니까?

터키의 제작사 사람들과 드라마 포맷 거래에 관해 논의하다가, 그쪽에서 제작진이 모이는 자리가 마련되는데 제게 참석 여부를 물어 기회를 갖게 된 겁니다. 레스토랑 전체를 빌려 전부 와 있더라고요. 제작 PD가 판권 수출을 담당하는 사람과 직접 대화하게 된 것에 아주 기뻐하더군요. 그래서 터키에 최초로 드라마 포맷이 수출된 것이고 그것이 성공한 다음에 KBS뿐만 아니라 MBC, SBS 드라마 포맷들도 터키에 계속해서 수출됐습니다. 터키에서 우리 포맷이 인기 있는 이유 중 하나는 아마도 그들의 감성이 우리와 비슷한 면이 많아서일 겁니다.

아시아를 넘어선 지역에서 드라마 포맷이 판매된 최초의 사례군요.

사실 아시아 외 거래되는 지역은 현재 터키, 우크라이나, 그리스, 그리고 남미 시장 정도입니다. 그다지 많지 않죠. 제가 운이 좋았던 부분도 있었을 겁니다. 터키의 방송권을 파는 것보다 더 높은 가격에 계약이 성사되었거든요.

그럼 대행 에이전시 없이 직접 거래하셨군요. 방송사 아닌 다른 제작사나 배급사에 있어 유능한 에이전트에게 저작권 대행을 맡기는 것도 또 다른 방법이죠.

그렇죠. 저희도 예능프로그램의 저작권 대행을 유럽의 대형 에이전시에 맡기자는 의견이 있었는데 제가 부정적인 의견을 표명했습니다. 수출 대행을 맡겨버리면 우리의 역량과 노하우가 쌓일 수 없습니다. 지금도 우리가 판매하지 못한 지역에 판매될 수도 있으니 한번 큰 대행업체에 맡겨보자는 의견이 나오곤 해요. 그러나 저는 지금도 부정적입니다. KBS미디어는 KBS의 프로그램을 유통하는 전문회사입니다. 포맷권이든 전송권이든 비디오권이든 방송권이든 그것을 유통하는 것이 KBS미디어의 역할이라고 봅니다. 그것을 대형 에이전시에 맡기면 우리가 무엇을 어떤 루트에 어떻게 팔고 있는지, 우리가 나중에 또 어떻게 팔아야 할지 파악할 수 없게 됩니다. 저는 이 점이 중요하다고 봅니다.

말하자면 그런 교과서 같은 정공법으로 어떤 상황이건 스스로 길을 찾을 수 있다는 겁니까?

여러 가지 가능성을 갖고 다양한 루트로 접근하는 것도 하나의 방법이 될 수 있다는 사실은 인정합니다. 예전에 홍콩 영화가 한국에서 선풍적인 인기를 끌다 사라진 것처럼 한국 드라마가 언제 어느 지역에서 들끓다가 돌연 사라질지는 아무도 알 수 없거든요. 더구나 나라마다 국내 자체 제작 프로그램들이 인기를 끌고 있을 뿐만 아니라 중국 드라마가 소위 가성비가 좋다는 이유로 동남아에서 주가를 올리고 있습니다. 동남아 바이어들은 한국 드라마를 천 원 주고 사도, 중국 드라마를 백 원 주고 사도 광고 시청률은 똑같이 나온다고 이야기합니다. 이런 상황에서는 제가 고수하던 틀을 좀 바꿔야 할지도 모르겠습니다.

그 틀이라는 게 기존에 해왔던 콘텐츠의 배급 업무를 얘기하시는 건가요?

콘텐츠의 배급, 판권 수출업무를 포함한 전부를 말입니다. 판권 수출도 지금 방식 외에 다른 방식도 찾아봐야 할지도 모르죠.

콘텐츠 마켓, 세계의 트렌드가 처음 모이는 곳

이 분야의 많은 분들이 마켓에서 하는 딜메이킹dealmaking 형태의 콘텐츠 배급은 길어야 10년이다, 이 업무 자체가 없어질지 모른다고 말하는데 어떻게 생각하십니까?

글쎄요, 없어지지는 않을 거라고 봅니다. 판권 업무는 사람과 사람의 관계를 통해 성취되는 일이 많습니다. 원하는 장르나 아이템이 있을 때 그에 해당되는 프로그램을 그동안 소통해온 사람들 사이에서 찾게 되더라고요. 만나면서 신뢰가 쌓이는 거죠. 콘텐츠 수출입업무를 보는 이들은 이 분야에서 상당히 오랜 기간을 일하는 경향이 있어요. 특히 외국의 경우는 그렇습니다. 2000년대 초반에 처음 MIP에서 봤는데 지금까지 보이는 이들도 꽤 있고요. 이 분야에서는 전문성과 아울러 오래도록 직접 보아온 사람들끼리의 네트워크가 대단히 중요하다고 봅니다.

어떤 상황에서든 정공법으로 헤쳐나가는 스타일이신데, 어려움이 닥치더라도 틀을 바꾸지 않은 채 타개할 방법을 찾아가실 수 있지 않을까요?

사실 쉽지 않습니다. 요사이 한류의 위기라고 하지 않습니까. 더군다나 한국 채널들이 많이 생기면서 프로그램도 많이 나오고 있습니다. 시장을 넓히지 않으면 안 되는 상황입니다. 제가 언젠가 MIP에 나가서, 왜 한국 드라마는 아시아를 넘어서지 못하는가에 대한 설문지를 만들어 돌린 적이 있습니다. 유럽, 중동, 동남아 등지 출신의, 예전부터 알던 해외 바이어들에게 주로 돌렸죠. 그런데 어째서 한국 드라마를 사지 않는가에 대해 가장 많이 나온 대답이 뭔지 아세요? 외모 때문이라는 거예요. 개인적으로 한국 드라마가 아주 재미있고 맘에 들지만, 까만 머리 까만 눈동자라는 벽에 늘 부딪힌다는 겁니다. 외국인 배우들을 출연시킬 필요가 있고, 한국이라는 장소만 고집할 필요가 굳이 없다는 얘기를 많이 들었습니다. 2009년에 방영된 드라마 〈아이리스〉의 첫 회를 헝가리에서 촬영했죠. 당연히 헝가리인들이 많이 나옵니다. 그랬더니 확실히 유럽에서도 이 드라마에 관심을 가져 불가리아, 루마니아 등 동유럽 각지, 그리고 브라질에까지 방송권을 수출했습니다. 프랑스에서는 전송권 업체가 구매했고요.

우리나라에서 콘텐츠 수출을 가장 잘한 분 중 하나로 손꼽히는 이유가 뭐라고 생각하세요?

제가 손꼽힐 만하다고 생각지 않습니다. 다만 운 좋게 처음 시도하는 것들이 있었어요. 터키에 포맷을 판 것만 해도 그렇고. 마음속으로 꾸준히 새로운 것을 시도하고 있어요. 〈차마고도〉 이전에도 수많은 시도들이 있었기에 마침내 수출이 성사된 것입니다. 그리고 MIP을 비롯한 마켓이나 현지 쇼케이스의 도움을 많이 받았죠.

요사이 프로그램을 판매하면서 가장 어려운 점은 무엇입니까?

바이어들이 선호하는 프로그램이 많이 나왔으면 하는 아쉬움이 있습니다. 특히 드라마의 경우, 바이어들은 주요 배우와 주요 작가의 작품에만 관심을 가져요. 드라마 제작비 상승 또한 수출에 어려움이 되는 게 현실입니다. 제작에 들어간 비용만큼 수익이 나와야 하니까요. 지금 우리가 해외 파트너사들과 아무리 관계가 좋더라도 우리 프로그램들이 그들이 선호하는 소위 한류 배우, 한류 작가들을 세팅하지 못한다면 그런 조건들의 세팅이 가능한 다른 방송사, 나중에는 다른 국가의 드라마를 선택하지 않겠습니까.

그렇다면 이 어려운 상황에서, 원래 해오신 정공법대로 현실을 파악하고 또 다른 전략을 시도하셔야 하지 않겠습니까?

로컬리제이션, 즉 현지 제작을 시도하고 싶습니다. 언급했다시피 한국 콘텐츠 시장은 로컬리제이션 없이는 확장되기 어렵습니다. 현지의 제작 능력은 계속 향상되고 있고요.

로컬리제이션으로 성공할 가능성이 높은 지역을 꼽는다면요?

저는 미얀마를 꼽겠습니다. 10년 전에 제가 필리핀이나 태국에서 현지 제작을 시도해보자고 제안했을 때 PD들이 왜 우리의 노하우를 전수해주냐고 의아해했죠. 그런데 나중에 태국에 가보니 유럽의 제작진과 작업하고 있더라고요. 지금 태국이나 필리핀에서는 자체 콘텐츠가 높은 인기를 얻고 있습니다. 한국 콘텐츠를 포함한 해외 콘텐츠도 일부 편성되어 있지만 언제 밀려날지 알 수 없습니다. 베트남도 마찬가지입니다. 많은 한국의 제작진들이 베트남과 일했지만 굉장히 어려워하고 있어요.

〈제빵왕 김탁구〉의 캄보디아 제작 당시 플라잉 프로듀서로 함께 가지 않으셨습니까?

네, 사실 저희가 플라잉 PD를 데려가 컨설팅비를 받았는데 말이 많았습니다. 필리핀 GMA나 싱가포르 MediaCorp 같은 방송사들은 무료로 다 해주는데 어째서 한국은 컨설팅비를 받느냐는 거였죠. 즉 그 방송사들은 이곳에 투자한다는 생각으로, 현지 제작이라는 개념을 갖고 들어왔던 겁니다. 그 뒤 제작사와의 협업이나 공동 매출을 만들어 제작을 활성화시키는 거죠. 그런 연유로 이미 형성되어 있는 시장엔 우리가 들어갈 틈이 없습니다. 그래서 미얀마에서 현지 제작의 가능성을 찾아보는 중입니다.

수입업무로 일을 시작해서 수출업무로 넘어가셨는데, 수입에 종사하는 사람과 수출에 종사하는 사람의 가장 큰 차이점은 무엇이라고 보십니까?

수출에 종사하는 사람은 적극적이고 열정이 넘쳐야 합니다. 수입에 종사하는 사람은 디테일에 강하고 박학다식해야 하고요. 제 경우엔 수출 일에서 더 만족감을 얻었던 것 같습니다.

해외 출장을 굉장히 많이 다니실 텐데 일상의 균형을 잡는 것이 어렵지 않으십니까? 가정생활이나 시차 적응 또는 현지 적응 등에서 특별한 자기만의 노하우가 있다면?

요샌 그렇게 많이 나가지 않지만 실무자일 때엔 일 년에 대여섯 번은 해외 출장을 나갔습니다. 저는 일단 나가면 마켓 일정 외에는 다른 것을 안 해요. 9시면 불 끄고 잔다고 소문이 날 정도였죠. 글쎄요, 그것이 제가 출장을 오래도록 문제없이 다닐 수 있었던 요인 중 하나가 아니었을까 합니다. 저는 바이어 만나 식사하는 것이 끝나면 바로 들어가 잤습니다. 어쩌다 늦게까지 자지 못하면 다음날 피곤해서 미팅에 집중할 수가 없더라고요. 하루 종일 부스 안에서 상담한다는 게 어마어마한 에너지를 소모하는 업무입니다. 충분히 자지 않으면 피곤할 수밖에 없습니다. 어떤 분은 새벽에 잠이 들어, 다음날 아침에 일어나 또 부스 업무를 보는 경우도 있던데 저는 안 되더라고요. 묵게 될 숙소에 욕조가 있으면 좋습니다. 출장 가서 반신욕하면 피로가 풀어지거든요.

해외 마켓 다닌 20년 동안 제일 아쉬웠던 순간이 있다면요?

저는 KBS 다큐멘터리든 드라마든 어떤 프로그램이라도 BBC에 방영되는 것을 보고 싶었습니다. BBC는 방영할 프로그램을 자기들이 직접 수입해요. BBC월드와이드 같은 곳에서도 수입은 할 수 있지만 마치 에이전시처럼 BBC월드와이드 채널이 아닌 다른 곳에 판매할 수도 있기 때문에, BBC 방영을 위해선 BBC의 커미셔너와 직접 얘기해야만 합니다. 사실은 제가 서니사이드 마지막 날 끝까지 자리를 지키고 있다가 BBC 다큐멘터리 담당자를 어렵게 만났습니다. 드라마 담당자도 소개받았고요. 영국에 출장 갔을 때 BBC를 직접 방문도 했습니다. 그런데 겉으로는 관심 있다고 해도 BBC라는 자존심 때문인지 굉장히 뚫기 어렵더군요. 그렇더라도 꾸준히 연락하고 계속 시도했어야 했는데.

파일럿을 꿈꿨다가, 파일럿과 전혀 상관없는 업무로 20년간 수없이 비행기를 타고 쭉 콘텐츠 업무에 매진해오셨는데 혹시 파일럿이 되지 못한 데 대한 아쉬움은 없으세요?

아쉬움이 없지는 않습니다. 지금 항공사 기장을 하고 있는 친구가 말하기를 정년 은퇴한 뒤에 연봉직으로 다시 계약할 수 있다고 하더라고요. 체력이 되는 한 계속 일할 수 있다는 겁니다. 역시 전문적인 기술을 갖는 것이 중요하다고 봐요.

콘텐츠 배급 업무는 전문직이라고 생각하지 않으십니까?

콘텐츠 배급 업무는 노하우가 필요하긴 하나 적극성과 열정이 있다면 누구나 뛰어들 수 있는 일이라고 생각합니다. 물론 외국어 소통도 가능해야 하고 또 인성 역시 아주 중요하다고 봅니다만, 그것은 사람과 맺는 비즈니스 관계에서라면 늘 중요하지 않겠습니까.

그렇다면 이 콘텐츠 배급 업무만의 매력은 무엇일까요?

저는 이 업무의 매력이 코리아라는 브랜드를 세계에 알린다는 점에 있다고 생각합니다. 제가 일하며 만난 사람들 중에 한국이라는 나라에 관심이 없는 경우도 아주 많았습니다. 하물며 KBS는 아예 모르고 있었고요. 콘텐츠 배급 업무가 공식적인 정부의 외교활동 못지않게 한국과 한국 문화를 세계에 알리는 첨병 역할을 한다고 봅니다. 이에 대한 자부심을 매번 강하게 느낍니다.

콘텐츠 배급 업무가 대단히 상업적인 것임에도 이 분야에 종사하시는 분들이 대체적으로 사명감이 강하신 것 같아요.

다른 나라 사람들을 만나면서 실제로 변화와 가능성을 체감할 수 있어 그런 게 아닐까 해요. 우리가 실제로 만나는 사람들은 해외 현지에서 방송을 통해 우리의 것을 널리 알리고 움직일 수 있는 사람들이잖아요.

앞으로 하고 싶은 일이 있으시다면?

미국 시장을 뚫는 것이 제게 남은 목표입니다. 미국 시장이 세계에서 가장 큰 시장임에도 우리가 충분히 관심을 기울이지 않았던 것이 사실입니다. KBS아메리카, MBC아메리카, SBS인터내셔널 등 각 미국 지사가 있긴 하지만요. 중국 시장이 막혀 있는 상황에서 성과를 낼 수 있는 시장은 미국이라고 봅니다. 저는 미국에서 화교의 영향력이 더 강해지면 분명히 이 시장이 뚫릴 거라고 전망합니다. 거기에서부터 시작될 거라고 생각해요. 말하자면 검은 머리, 검은 눈동자가 미국인들에게 익숙해지는 시점이 되면 우리 콘텐츠도 충분히 가능성이 있다는 겁니다.

그 시점을 언제쯤으로 보시나요? 〈김씨네 편의점〉 이후로 한국에서 다시 시트콤을 만들겠다는 이들이 갑자기 늘긴 했습니다.

3~5년쯤 걸리지 않을까요? 미국에 가장 많이 거주하는 소수 민족이 히스패닉을 제외하면 화교이고 그다음이 필리핀, 베트남 순입니다. 그들을 타깃으로 시장 준비를 시작한다면 조만간 미국 시장도 열릴 것이라고 저는 내다봅니다.

최근에 미디어 시장의 변화와 관련하여 콘텐츠업계의 미래를 어떻게 보십니까?

OTT의 급성장이 미디어 시장의 최대 변화라고 볼 수 있죠. 국내외를 막론하고 소비자들의 OTT 서비스에 대한 관심이 높아지고 있습니다. 예전에 한국 콘텐츠는 주로 미국 OTT 사업자인 VIKI나 Drama Fever를 통해 수출되었고요, 홍콩 PCCW와의 연간계약으로 동남아 지역으로 확장되면서 매출이 급상승되었어요. 그전에 동남아 OTT 서비스는 국가별, 프로그램별로 수출되어왔는데, KBS가 한국에서 처음으로 2015년 PCCW와 연간계약을 성사시켰습니다. 앞으로 넷플릭스, 디즈니플러스, HBOmax 등의 글로벌 OTT 서비스가 확장될 것입니다.

미디어 시장에서 플랫폼과 콘텐츠 중에 어느 것이 우선권을 갖게 될까요?

아무래도 콘텐츠가 우선이지 않을까 생각하지만요, 결국

콘텐츠와 플랫폼이 결합하여 상생하는 방안들을 찾아야 한다고 생각합니다.

이 업계에 들어오고 싶어 하는 젊은이들에게 해주고 싶은 말이 있으시다면요?

매력적인 일입니다. 열정을 갖고 도전해서 방송콘텐츠를 통해 대한민국의 문화, 코리아 브랜드를 널리 알려주셨으면 합니다.

“저는 이 업무의 매력이 코리아라는 브랜드를 세계에 알린다는 점에 있다고 생각합니다. 콘텐츠 배급 업무가 공식적인 정부의 외교활동 못지않게 한국과 한국 문화를 세계에 알리는 첨병 역할을 한다고 봅니다. 이에 대한 자부심을 매번 강하게 느낍니다.”

2019 MIPTV

하나만 파는 '성덕'의 길을 가다

CJ ENM 미디어솔루션본부 콘텐트액티베이션팀 황진우

1976년생. 한국외국어대학교 아랍어과, 신문방송학과 복수전공. 중앙대학교 신문방송대학원 차세대콘텐츠기획 전공 석사. 수퍼액션/OCN/XTM/tvN 프로듀서, CJ ENM tvN 콘텐츠이노베이션팀(콘텐츠기획개발팀) 팀장, CJ ENM 글로벌콘텐츠개발팀 팀장을 거쳐 현재 CJ ENM 콘텐트액티베이션팀 팀장. 한국포맷산업협의회 부회장, FRAPA 상임 이사. 2009년 케이블TV 방송대상 드라마부문 최우수상(수퍼액션 〈KPSI 시즌2〉), 2018년 무역의날 국무총리 표창(해외시장 개척 특수유공) 수상.

© 유동영

"우리 콘텐츠가 글로벌 공동체에 열려 있고 그 어느 때보다 기회가 많다는 것을 인정해야 합니다."

대학 때는 어떤 분야를 전공하셨습니까?

저는 신문방송학과와 아랍어를 복수전공했습니다. 아랍어를 선택했던 이유는 다국적 언어를 전공해보고 싶었기 때문이고요, 신문방송학과는 어렸을 때부터 PD가 되겠다는 꿈을 갖고 있었기에 선택했습니다. 어렸을 적 아버지 직장 따라 오스트레일리아에서 4년 반을 살았는데 열한 살 때 〈Double Dare〉라는 니켈로디언Nickelodeon의 어린이게임쇼에 나갔어요. 당시 88서울올림픽이 있었으니 방송에서 작은 이슈라도 만들려고 한국인인 제가 40여 명의 어린이 출연자들 틈에 끼게 된 겁니다. 유일한 아시아인 출연자로 심하게 긴장했죠. 바로 그때 헤드셋을 끼고 큐시트를 들고 있던 한 아저씨가 저를 앉혀놓고는 제 눈높이에서 친절하게 설명해주셨어요. 정말 멋있었습니다. 그래서 덥석 방송국의 프로듀서가 되겠다는 꿈을 갖게 되었고 한 걸음 한 걸음 준비해나갔습니다. 한번은 그분을 지인을 통해 찾아볼 생각도 했어요. 당신이 내 꿈의 원천이 되었고 결국 그 꿈을 이뤘다고 감사를 전하고 싶었거든요. 졸업 후 언론고시를 보고 지상파방송 3사 모두 지원했는데 2년에 걸쳐 최종면접까지 봤지만 잘 안 되었어요. 2002년에 온미디어 공채를 보고 합격해서 2003년에 마침내 입사했습니다.

어떤 프로그램을 만들고 싶으셨어요?

방송국 면접 볼 때도 그 질문을 받았는데 저는 대한민국에서 영화 정보 프로그램은 제일 잘 만들 수 있다고 답했습니다. 제 취미가 영화, 만화, 게임인데 비율로 따지자면 영화가 6, 만화가 3, 게임이 1이에요. 지금까지 모은 영화 DVD가 6천 장쯤 되고 〈매트릭스〉 같은 영화는 서른 번도 넘게 봐서 대사도 외울 정도예요. 제가 영화 보다가 대사 외우는 걸 가끔 제 아들이 심각한 표정으로 쳐다보기도 하죠.

그럼 온미디어에서 처음에 어떤 일을 시작하셨나요?

온미디어의 대표 채널은 OCN이었고, 제 업무는 편성제작이었습니다. 영화 편성 사이사이에 들어가는 짧은 프로그램들을 기획·재편집하는 일이었습니다. 수퍼액션 쪽으로 발령이 났는데 영화 편성을 위주로 하면서도 스포테인먼트Sportainment, 스포츠 액션으로 장르를 확대했습니다. 제 경력의 25퍼센트 정도가 스포츠 중계 PD예요. 아마 2004년부터 2008년까지였을 겁니다.

대단히 특이한 경력인 데다 꽤 오래 하셨네요. 주로 어떤 스포츠 종목들을 맡아보셨습니까?

NBA, 일본 프로야구 메이저리그 등 다양한 종목들을 맡았는데, 가장 활약이 돋보였던 종목은 격투기였습니다. 제가

UFC(이종격투기)를 한국에 가져온 장본인입니다. UFC의 모기업 주파Zuffa에서 많이 알고 계시는 한국 선수 피칭도 했고요.

지금은 스포츠 채널이 다양하지만 당시엔 아주 드물었는데 어떻게 UFC를 시작하셨나요? 격투기 콘텐츠라면 WWEWorld Wrestling Entertainment 같은 것도 있었을 텐데요.

이미 온미디어와 CJ미디어가 경쟁하고 있던 때였는데요, 수퍼액션이 〈프라이드〉 입찰에서 XTM에 밀리는 바람에 대신 〈K1 히어로즈〉를 시작했습니다. 그러나 K1 자체가 시들해진 탓에 성과를 내지 못했고 아예 새로운 뭔가를 시도해보기로 했죠. 때마침 IB스포츠가 UFC 판권을 들여와 함께할 곳을 찾고 있었고 수퍼액션이 이 기회를 잡아 UFC를 오랫동안 내보냈습니다. 국내 단체로는 로드 FC에서 특히 잘 만들어졌다고 평가되는 2회 대회의 총괄 프로듀싱과 기획을 제가 했습니다.

독특한 이력이네요. 다른 스포츠 중계는 외국에서 벌어지는 경기가 많지만 UFC 중계는 국내 경기가 많았을 텐데 현장 이벤트까지 맡아보셨습니까?

현지 생중계를 담당한 적도 있지만 저는 주로 외국 경기를 받아 한국 중계진이 그 위에 오버랩하는 것을 담당했습니다.

제가 글로벌사업 쪽과 꾸준히 연결되어온 계기는 어렸을 때의 오랜 외국 생활로 영어 의사소통이 원활하다는 점이었습니다. 특히 UFC 중계에서 제 영어 실력이 빛을 발했습니다. 현장 중계 피드를 받을 때 제가 직통전화를 들고 외국 중계진의 사인을 우리 중계진에 곧장 전달했죠. 말하자면 외국의 광고 큐 사인에 맞춰 저희도 광고 큐를 내보내도록 한 겁니다.

전화기를 무전기처럼 쓰신 거네요.

그렇죠. 그리고 계약서 등 필요한 문서들도 주로 제가 작성했습니다. 그런 일을 할 수 있는 사람들이 거의 없었으니까요. 심지어 UFC를 국내에 시작할 즈음 IB스포츠와 계약서 검토할 때도 제가 한국어 번역을 진행·감수했고요, MLB 때도 그랬습니다. 2000년도 후반에 들어서는 OCN이 제작국을 정비하면서 온미디어 안에 OCN의 제작팀이 새로 생겨, 제가 드라마 〈신의 퀴즈 시즌 1〉의 프로듀싱도 담당했습니다. 한때는 OCN 편성 선임도 맡아봤는데 제가 맡게 된 이유는 딱 하나, 다른 이들보다 영화에 대해서 많이 안다는 것 때문이었습니다.

모든 분야를 골고루 돌아다니며 일하셨네요. 그때가 2009년도쯤이었습니까?

네, 2008, 2009년입니다. 제작·편성·마케팅 등을 두루두루 해볼 기회가 주어졌죠. 나중에 제가 다른 분야를 맡아볼 땐 신임 PD에게 격투기를 담당하게 했지만 최종 컨펌은 여전히 제가 직접 했습니다. 나중에 김동현 선수가 소속된 격투기 선수 모임인 팀매드의 양성훈 감독님 결혼식장에 갔는데 그 업계 사람들이 저를 가리켜 우리나라 격투기의 최고 PD라고 얘기해주는 것을 듣고 무척 뿌듯했습니다.

인생의 선배를 만난다는 것

당시 조건이 그 모든 것들을 할 수 있는 상황이었나요? 사내에 선배는 없으셨어요?

사수는 있었지만, 온미디어는 제작보다 편성이 중심인 채널이라 PD에게 여러 가지 일을 해볼 기회가 주어지곤 했습니다. 나중에 제작팀이 세팅되면서 저도 실질적인 연출을 맡게 되어 〈러브 액션〉이라는 리얼리티쇼도 만들었죠.

〈러브 액션〉으로 포맷프로그램을 처음 시작하신 건가요?

아닙니다. 그전에도 수퍼액션의 예능프로그램들을 제가

많이 만들었습니다. 그것들을 진행하다가 현재 CJ ENM 미국 법인장인 이덕재 PD님을 2006년 MIPTV에서 만났습니다. 그때가 제 첫 MIP 출장이었는데 주로 편성을 담당할 때였고 콘텐츠를 구매하려고 나갔던 거였죠. 당시 그분은 XTM 팀장이었는데 저와 마찬가지로 제작 PD 출신이지만 콘텐츠의 전반적인 큐레이션 등 제가 더 배움을 쌓고 싶어 했던 부분들을 채워주셨습니다. 원래 현대방송에 공채 1기로 입사하셨는데 현대방송이 망하는 바람에, 먹고살려고 웨딩 촬영도 하시고 고생 많이 하신 분이죠. 그분과 선후배로 관계를 이어가던 중에 2010년에 온미디어와 CJ미디어가 합병되면서 제가 분당 온미디어에서 1호로 상암동 CJ ENM으로 파견되어 XTM에 가게 됐습니다.

왜 파견되신 건가요?

당시 XTM이 남성 라이프스타일 채널로 리론칭을 하려는 참이었는데 좋은 인력들을 셔플한다는 차원에서 제작·편성을 포함하여 콘텐츠에 대한 이해도가 높은 사람을 필요로 했습니다. 그래서 그곳에서 편성 선임과 콘텐츠 프로듀싱을 같이 담당했어요. 제가 자리를 옮길 때 내세운 조건은, 편성을 하면서도 원래 하던 제작·기획도 같이 하겠다는 것이었습니다. 온미디어 수퍼액션에서 KPSI라는 콘텐츠로 케이블 대상도 받았으니까요. 그러던 중에 tvN 채널 운영국장이었던 이덕재 님이 저를 tvN으로 부르셔서 합류하게 됐습니다.

이덕재 본부장님과의 관계는 운명적인 만남이라는 표현이 맞을 것 같은데요, 실제로 두 분 사이에서 어떤 점이 잘 맞으셨어요?

일단 두 사람 모두 소심한 A형이고요, 기본적으로 메이저 방송사가 아닌 케이블에서 일을 시작한 사람들이 지닌 허기와 욕구를 공유했던 것 같습니다. 말하자면 메이저에 있지 않았던 사람들은 늘 주류로 가고자 하는 욕구가 있어, 부족한 조건 아래서도 여러 가지 프로젝트들을 수많은 대중에게 선보여야 한다는 일종의 사명감을 느끼는 경향이 있습니다. 그분이 저를 주목하게 된 것도, 외국에서 피드를 산 콘텐츠임에도 제가 그것을 최고로 끌어올리기 위해 최선을 다하는 것이 보였기 때문이었고요.

이해가 갑니다. CJ ENM의 PD들이 지상파에서 넘어온 분들이 많았죠.

CJ ENM에서도 이덕재 님은 XTM을 활성화시켰습니다. tvN에서도 채널 운영국장으로 승진하면서 제일 먼저 한 일이 클린 채널 선언이었죠. 당시 본부장이었던 송창의 님과 상의해서 한창 인기를 얻고 있던 선정적인 프로그램들을 전부 폐지했습니다. 제가 이덕재 님에게서 가장 높이 사는 존경할 만한 사건은

2009년 마이클 잭슨 장례식 tvN 단독 생중계를 밀어붙이신 일입니다. 거의 혼자서 구매·연출·프로듀싱을 다 하셨거든요.

지금까지도 그 생중계 방송을 감동 깊게 지켜본 기억이 납니다.

마이클 잭슨 장례식을 생중계하겠다고 발표한 게 목요일인가 금요일 오후였을 거예요. 월요일 오전에 생중계를 한다는 것이었으니 대단히 촉박한 일정이었죠. 그런데 이덕재 님이 이 생중계권이 각 국가별로 한 사업체에만 주어진다는 것을 알고는 아무래도 이걸 해야겠다고 결심하고서 혼자 미국에다 전화하고, 피드 얻어내고, 계약서까지 검토한 겁니다. 심지어 팝칼럼니스트 김태훈 씨까지 섭외하고 그다음에 기술국에 얘기해서 세트 빌려 놓고 직접 연출도 하셨어요. 운행과 편성 담당 몇 명을 불러 그걸 주말 동안 전부 해냈습니다. 이 장례식 중계를 대한민국에서 tvN만 할 수 있으니 MBC·KBS·SBS가 마이클 잭슨의 장례식을 뉴스로 언급할 때마다 '자료 제공 tvN'이라는 문구를 내보내야 한다는 점을 노리신 겁니다. 다른 이들 같으면 시간이 부족하다고 엄두도 못 낼 프로젝트를 그렇게 기획과 편성을 포함해 모든 것을 혼자서 이리 뛰고 저리 뛰어 해낸 사람에게 더 이상 불가능한 일이란 없는 셈이죠.

그렇죠. 보통의 직장인이라면 할 수 없는 일을 해내셨군요. 게다가 사내에서 이미 지위도 어느 정도 있었을 텐데요.

그래서 제가 더 존경할 수밖에 없었습니다. 저는 그런 것을 배우고 싶었고 그래서 tvN으로 오라고 하실 때 달려갔더니만, 편성을 하라고 하시는 거예요.

2010년에 tvN으로 가셨던 거죠?

편성을 하라는 말씀에 제가 당황했더니 그러시더라고요. 영화 편성과 종합 편성은 완전히 기준이 다르다고. 결국 이덕재 님이 저한테 원하셨던 건, 당시 편성만 하는 이들과 제작만 하는 이들의 소통이 어려운 상황에서 이 두 가지 경험을 모두 해본 사람이었던 겁니다. 편성 선임을 겸할 때도 이덕재 님한테 XTM에 갔을 때와 마찬가지로 똑같이 얘기했습니다. 대신 제작 프로듀싱에선 손을 안 놓겠다고. 그랬더니 제작도 같이 시키려고 저를 불렀다고 하시더라고요. 그래서 제가 처음 맡았던 프로그램들이 〈코리아 갓 탤런트〉 같은 해외 포맷을 활용한 프로그램이었습니다. 정종연 PD가 연출했고 제가 프로듀서였습니다. 이 프로그램을 만들자는 아이디어는 이덕재 님이 준비했고요.

이덕재 님은 어떻게 외국 쇼를 가져올 생각을 하셨습니까?

tvN에 지상파 PD들 몇 명이 오긴 했지만, 이덕재 님은 아직까지 케이블의 환경이 지상파에서 할 만한 대형 프로젝트를 감당하기에는 역량이 부족하다고 생각했습니다. 그럼에도 이슈를 만들어내려면 대형 쇼가 필요하니 이런 상황에서 이덕재 님이 2006년에 tvN 개국 1주년 특집 쇼로 네덜란드의 〈Dutch Miljoenenjacht〉, 미국판으로 〈Deal or No Deal〉이라는 제목으로 나온 프로그램을 차용하여 〈신동엽의 Yes or No〉라는 프로그램을 만들었어요. 제작은 송창의 본부장님 쪽 PD들이 담당했지만, 포맷을 읽어보고 기획하고 준비한 장본인은 이덕재 님이었죠. 외국의 포맷을 수입해서 우리 프로그램으로 제작하는 것이 사업이 될 수 있다는 사실에 그때 눈이 뜨이신 겁니다. 실은 〈Britain's Got Talent〉라는 영국 프로그램을 차용해 〈코리아 갓 탤런트 1〉을 만들 때도 다른 이들은 SBS의 〈스타킹〉 같은 프로그램이 있는데 왜 저런 걸 들여오느냐고 의아해했는데도, 이덕재 님이 하자고 밀어붙인 겁니다. 그래서 음악이나 공연을 연출할 Mnet 출신 PD인 정종연을 데려오셨고요. tvN에서 구매해 진행한 포맷은 제가 프로듀싱을 많이 담당했습니다.

포맷의 우물을 파기 시작하다

그즈음에 콘텐츠진흥원 지원으로 EMC(엔터테인먼드 마스터클래스)에 가시지 않았습니까?

네, 2011년에 〈코리아 갓 탤런트〉가 끝나자마자 이스라엘 텔아비브에서 열린 EMC에 갔습니다. 그전에 XTM에서 프로듀싱하고, tvN 〈오페라 스타〉도 프로듀싱했고요. 그러다가 외국에서 플라잉 오면 저희 PD와의 소통을 제가 담당해야 했습니다.

EMC에서 포맷이 체계화되어 있는 것을 처음 접하고 어떤 느낌이셨습니까? 기존에 하던 편성, 제작과는 완전히 결이 다른 것이었을 텐데요.

오락프로그램을 수퍼액션에서도 많이 해보긴 했습니다. 그래도 마스터클래스에서 인식이 확 바뀌었죠. 예전에 미군 카투사 시절에 〈Who Dares Wins〉라는 오스트레일리아 프로그램을 아주 좋아했는데요, 지나가는 일반인에게 도전하겠냐고 무작정 묻고는 만일 도전하겠다 하면 눈을 가리고 따라오게 하는 겁니다. 악어가 우글거리는 수영장을 건너기도 하죠. 미국 프로그램인 〈Fear Factor〉의 원조예요. 그 프로그램을 보면서 한국판으로 만들면 대박 나겠다 싶었는데 나중에 알고 보니 이미 1990년대부터 유럽이나 북미는 포맷을 준비하고 있었더라고요. 과거에 EMC에는 유통에 종사하던 사람들이 갔는데 저는 제작자 출신으로 간 겁니다. 이미 포맷 프로듀싱을 두어 편 해본 뒤에 그런 자리에서 얘기를 들으니 또 다르더군요. EMC에서 돌아와 포맷 산업과 현지화에 대해 어느 정도 이해력을 갖춘 상태로 〈코리아 갓 탤런트〉의 바이블을 다시 처음부터 읽어보니 예전에 읽을 때와 완전히 다른 세계였습니다.

콘텐츠진흥원에서 지원한 가장 훌륭한 일 가운데 하나였던 것 같습니다. 우리나라의 포맷 판매에도 커다란 원동력을 제공했고요.

그래서 제가 당시 부원장님에게, 콘텐츠진흥원 글로벌 전문가 육성과정의 최고 성과를 언급하실 때 제 이름을 대시라고 했어요. 같이 클래스 들었던 사람들끼리 지금까지도 동창 모임을 해요. EMC를 통해서 알게 된 현업 종사자들, 강사들과도 네트워킹이 이뤄진 덕에 제가 포맷 사업을 전방위적으로 할 수 있는 조건을 갖게 됐습니다. 그리고 그 직전에 이덕재 님이 저를 기획개발팀장으로 임명했습니다. 제가 온미디어에서부터 기획 PD, 프로듀싱을 많이 해왔으니 제작 PD들의 신규 아이디에이션을 전반적으로 도와줄 수 있으리라 보신 거죠. 이를테면 나중에 나영석 PD가 저희 쪽에 합류할 때 잘 적응할 수 있도록 케어하고, 해외 자료 다루는 노하우도 익히도록 도와주라고 하셨습니다.

결과적으로 현재 한국 포맷의 인기를 만들어준 중요한 백그라운드였네요. 굉장히 많은 역할들을 담당하셨습니다.

그 역할들을 통해 저도 많이 배웠고 영향도 많이 받았습니다. 이덕재 님은 멘토링하는 것을 아주 즐기셨어요. 그리고 제가 해외 자료들 정리해서 다양한 콘텐츠를 소개해드리는 것을 좋아하셨고요. CJ ENM의 전체적인 분위기가 온미디어나 다른 지상파에 비해 글로벌사업을 위한 역량을 갖추는 것을 대단히 중요하게 여겼고 그와 관련해 조직이 아주 개방적이었습니다. 그리고 해외 출장에서 일 안 하고 노는 이들은 살아남을 수 없는 문화였죠. 사실 한국 방송산업 전체가 해외 출장을 약간 포상의 개념으로 보는 경향이 있었는데, 이덕재 님은 방송 부문장이 되자마자 포상성 출장 문화를 완전히 걷어내버리셨습니다. 포상 여행 가고 싶으면 홍콩이나 태국으로 휴가 가라, MIP은 전쟁터이니 장수들이 나온 싸움판에 놀러 오지 마라, 하고 분명하게 밝히셨죠. tvN 본부장님일 때 한번은 어떤 PD가 MIP을 갔다 왔는데 별것 없었다는 얘기를 들으시더니, 어떤 게 별것 없었다는 거냐고 전체 회의 때 면전에서 되물었어요. 아니, 회사가 항공료에 온갖 비용 들여 애써 보냈더니만 본 게 별로 없다? 마음에 남은 게 없다고? 본부장이 이렇게 말하면 공포스러워질 수밖에 없죠. 뭐든지 보고 와야 했습니다. 솔직히 저는 그분이 그런 문화 만든 것을 환영합니다.

지금도 MIP에 가면 CJ ENM의 PD들이 가장 많이 와서 콘퍼런스에서 공부하거나 미팅에 참석하고 있더라고요. 그때쯤이 tvN에서 〈프로젝트 런웨이〉를 비롯해 한창 다양한 오락프로그램들이 나올 때인가요?

EMC 이후 전체적으로 통찰할 수 있는 시야가 생겨 포맷 사업을 본격적으로 해보고 싶었습니다. 기획개발팀장이었던 2012년부터 2014년 당시 저의 주요 업무는 tvN 신규 콘텐츠 기획개발이었지만 업무의 30퍼센트쯤은 글로벌 포맷을 준비하는 것이었습니다. 그리고 KBS에 계시던 이명한 님이 tvN에 와서 시작하신 가장 획기적인 일이 주니어 PD들도 기획에 참여할 기회를 준 것이었습니다. 그전에는 CP급들이 아이디어를 많이 내는 편이었는데, 이명한 님이 아래에서부터 기획안을 오픈 피칭으로 제출하게 하는 방식을 제안했고 이덕재 님이 이를 정례화했죠. Mnet에는 그런 것이 훨씬 오래전부터 있었다더라고요. 새로운 체계가 정착되어가자 어느 날 이덕재 님이 저를 불러 단도직입적으로 말씀하셨습니다. 이제 글로벌에만 올인해라. 때가 된 것 같고, 그동안 주장해왔잖아. 솔직히 말해봐, 자신 있지? 네, 자신 있습니다. 제가 이렇게 답했더니, 자신 있으면 해야지, 하시더군요. 그때부터 제가 포맷 개발의 총괄자가 되어 CJ ENM 신규 프로그램의 기획 진행을 승인하는 단계에 빠짐없이 참석했습니다.

밖에서 봤을 때는 포맷 총괄자의 등장이 본격적인 포맷 구매를 의도하는 것이리라고 보기도 했죠.

구매한 것도 맞습니다. 제가 기획개발팀장이었을 때 〈The Phone〉을 구매하기도 했고, 포맷팀장이었을 때도 여럿을 구매해 나중에 〈아바타 셰프〉 등도 만들었어요. 제가 2012년에 포맷을 본격적으로 시작했던 시기는, 한국 콘텐츠의 수준이 그다지 높게 평가되진 않았지만 기획과 제작의 역량이 올라가기 시작한 시기였습니다. 새로 인재들을 영입하면서 tvN 안에서 양질의 다양한 콘텐츠를 만들어낼 기회가 생겼고요. 저는 새로 영입된 분들에게 여러 가지 해외 콘텐츠와 아이디어들, 글로벌 트렌드를 리서치하여 제공했습니다. 기본적으로 R&D팀이니까요. 제가 EMC에서 배운, 기획단계에서부터 포맷의 구조를 도입해 콘텐츠를 제작하는 방식도 나영석 PD님 등 많은 분들이 적극적으로 경청해주셨습니다. 김용범 CP님도 대단히 협조적이셨죠. 제가 예전부터 해외 포맷으로 플라잉 온 제작진들의 관리를 대부분 맡아 봤기에 그들이 무엇에 중점을 두고 지도하는지 많이 익힌 편인데 결과적으로 그것이 큰 도움이 됐습니다.

포맷 글로벌 네트워크를 꾸리는 비결은 무엇이었습니까? 어려움은 없으셨는지?

저는 포맷이든 뭐든 글로벌 콘텐츠에 대해서라면 정말 열심히 공부했습니다. 그러면서 자연스럽게 네트워크가 꾸려졌을 따름입니다. EMC에 참여해서 얻은 수확 중 하나도 글로벌 스탠더드에 관해 많이 배우게 됐다는 거였고요. MIP에 나가서도 제 역량을 키우기 위해선 네트워크가 필요했습니다. 포맷 피플The Format People의 대표인 전설적인 포맷 컨설턴트 미셸 로드리그 Michel Rodrigue 같은 분은 처음에 제 명함을 건넸을 때 큰 관심을 보이지 않았습니다. 당신 명함을 제게 주지도 않았고요. 다음번에 만났을 때 또 쫓아가서 인사했어요. 기억나실지 모르겠지만 차 한잔 사드리고 싶다. 그리고 다음번에도 또 찾아가 기억나시냐고 말 걸고. 그렇게 대여섯 번을 따라다녔더니 당신 지식을 오픈하기 시작하더군요.

예전에 콘텐츠진흥원에서 미셸 로드리그, 저스틴 스크로기Justin Scroggie 등 세계적으로 손꼽을 만한 연사들을 초청해서 수준 높은 강의들을 많이 들을 수 있었죠. 콘텐츠진흥원의 중요한 성과 중 하나라고 봅니다. 저스틴 스크로기는 어떻게 만나셨습니까?

저스틴 스크로기는 EMC에서 만났습니다. 그분이 포맷 닥터이자 바이블 템플릿의 창작자잖아요. 제가 바이블을 써보다가 질문이 생길 때마다 이메일을 보냈는데 처음에는 답변을 안 하더라고요. 그래도 아랑곳하지 않고 계속해서 보냈더니만 한참 후에 답변을 주셨습니다. 조언과 함께, 다음부터는 돈 내고 질문하라고 한마디 남기셨죠.

마치 고수들을 끊임없이 찾아다니는 무협지의 주인공을 보는 듯 합니다.

저는 외국 인사들과 네트워킹하는 데 공을 정말 많이 들였습니다. 시차 때문에 통화하느라 야근도 많이 했고요. 지금은 모두 친구이자 동료들이 되었고 저에게도 도움이나 조언을 요청하곤 하죠. 저는 MIP 같은 국제 마켓에 가면 콘퍼런스에서 질문도 무지하게 많이 던졌습니다.

MIP의 마지막 날까지 미팅하고 자료 보고 콘퍼런스에 참여하면서 행사장을 지키셨던 것을 기억합니다.

마지막 날 기자회견을 하면서 트렌딩 토픽이 전부 모아지는데 보고서를 작성할 때 아주 유용합니다. 그런 식으로 MIP을 다니면서 포맷을 수입도 하고 수출도 하게 됐죠. 제가 2012년에 EMC를 다녀오고서 우리 포맷을 외국에 판매해야겠다고 했을 때, 다들 영국이나 미국 PD들이 우리 포맷을 구매해서 프로그램을 만들 리가 없다고 그랬어요. 그러나 정확하게 4년 후에 〈꽃보다 할배〉 포맷을 수출했습니다. 그때 나영석 PD가 너무 바빠 콘퍼런스콜로 하고 제가 미국 현지화를 관리했죠.

패키지와 라이브러리 구성의 중요성

전반적으로 2014년경부터 한국 포맷 수출의 가능성을 조금씩 내다보았던 것 같습니다. CJ ENM의 포맷 수출이 시작되기 전에 어떤 준비를 하셨습니까?

일단 CJ ENM이 구매한 모든 해외 포맷을 수거했습니다. PD 개인이 갖고 있던 바이블까지도요. 회사 비용으로 구입한 회사 자산이니 다 내놓도록 한 겁니다. 이제까지 총 23개의 해외 포맷을 구입했는데 17개가 회수됐으니 80퍼센트 정도 회수된 거죠. 그 17개의 포맷 바이블을 장르별로 나눠 바이블 스터디를 하고, 트레일러 클래스, 세일즈 패키지 연구도 했습니다. 처음부터 각각의 포맷을 어떻게 준비하고 스터디하는 게 좋을지 분석한 겁니다. 이를테면 〈슈퍼 디바〉는 제일 많이 참고했던 바이블이 〈Got Talent〉였고요, 〈한식대첩〉을 만들 땐 〈Master Chef〉가 가장 좋은 참고자료였습니다. 〈SNL〉은 포맷 바이블이 있다기보다 스케치 스크립트에 대한 카테고리들을 참고했는데 그것을 벤치마킹해서 〈코미디 빅 리그〉도 만들었고요. 다들 저한테 바이블의 기술을 어떻게 참고할지 묻곤 했죠. 심지어 중국인들조차 물어와서 제가 이렇게 답했습니다. 당신들이 구매한 포맷 개수가 열 개면 당신들은 열 개의 경험을 지닌 것이고 열 개의 레퍼런스를 소유한 것이다, 거기서부터 시작하면 된다고. 제 답을 제대로 이해했는지는 모르겠습니다만.

예전에는 국내에서 포맷에 관심 가진 방송사가 거의 없었고, CJ ENM만 조직적으로 스터디팀을 꾸리지 않았습니까?

얼마 안 있어 MBC도 뛰어들었죠. 특히 〈복면가왕〉 이후로 포맷 스터디와 사업에 더 열의를 갖고 꾸려왔다고 알고 있습니다. MBC 포맷 사업에 있어 안준식 PD님이 기여를 많이 하셨어요. 저는 2007년도에 뉴질랜드로 방송통신위원회 연수 가서 그분을 알게 됐는데 제게 질문도 많이 주셨죠. 사실 십여 년 전만 해도 지상파방송사가 케이블방송사보다 특권을 가져야 하고 우위에 있다는 의식이 일반적이었기에 제가 알게 모르게 설움을 겪기도 했습니다. 그래서 어디에도 뒤지지 않는 역량을 확보해야겠다는 욕심도 더 부리게 되었는지 모르죠. 그런데 그 당시에도 안준식 PD님은 지상파방송사라는 특권의식을 내세우지 않고 새로운 것을 배우는 데 적극적이셨습니다. 경쟁 방송사들끼리 서로 지켜야 할 예의도 분명하게 이해하고 배려하셨고요.

그러셨군요. 바이블들을 연구하고 분석하고서 수출을 준비할 때 전략은 어떤 것이었습니까?

CJ ENM은 변방에 있던 뉴플레이어라고 할 수 있고 뉴플레이어의 무기는 신선하다는 것입니다. 그러나 신선하다는 것만 갖고 수출로 이어지진 않습니다. 저희의 전략은 가장 완성도 높은 포맷 프로덕션 패키지를 구비하는 것이었습니다. 바이블은 기본이고 거기에 영어로 번역된 스케줄링, 예산표도 중요합니다. 스케일 조정을 가능하게 하려면 예산표에서 비율이 잘 표시되어야 하죠. 모든 플라잉 프로듀서들이 why나 how로 시작되는 수많은 질문들을 매번 던지는데 그 어떤 경우에도 적확한 답변을 제공해 줄 완벽한 패키지를 준비하자는 거였습니다. 팀원들이 정말 고생 많이 했죠.

그렇게 해서 나온 가장 완벽한 패키지가 뭐였습니까?

〈너의 목소리가 보여〉였습니다. 〈너목보〉가 나온 시기에 오디션프로그램 시장이 죽어가고 있었습니다. 리얼리티와 관찰 예능이 한국에서 호황이니 외국 사람들도 좋아하리라 생각한다면 착각입니다. 당시 MTV로 유명한 바이어컴Viacom의 〈Lip Sync Battle〉이 전 세계에 센세이션을 일으켰을 때가 어떤 타이밍이었냐면 시청자들이 전국 단위 노래 오디션에 지쳐 나가떨어지기 일보 직전이었습니다. 이런 상황에서 한국에서도 〈너목보〉 기획안이 올라왔으니 타이밍이 잘 맞은 거였죠.

그럼 〈너목보〉를 가지고 어디에 먼저 제안하실 생각이었나요?

제일 먼저 태국에 출시했는데 반응이 좋았고 엔데몰이 유럽 쪽으로 배급하겠다고 의사를 밝히기도 했습니다. 태국의 WorkpointTV가 이 프로그램으로 대박이 났죠. 이렇게 가장 만족스러운 수준의 완성도 높은 포맷 패키지가 나와 여러 국가에 판매되는 것에 감격하는 와중에 다른 한편에서 차이나머니가 한국 포맷으로 본격적으로 흘러들어오기 시작했습니다. 2015년 말부터 2016년까지 중국 사업자들이 한국 포맷의 80퍼센트를 구매해 갔습니다. PD들을 수십 명 보내 몇십억을 벌어들이는 타 방송사들이 눈에 들어오더군요. 제 입장에선 스터디와 패키지 제작에 정말 공을 많이 들였는데 그런 몇 년간의 고생에 대한 심각한 평가절하라고 느꼈습니다.

차이나머니 유입을 호재로 보지 않고 처음부터 부정적으로 보셨던 것을 저도 기억합니다.

심지어 사내에서도, 우리가 몇 년간 고생해서 여섯 개 국가에 포맷 수출하는 동안에 타 방송사에서는 PD들 40명 중국에 한번 내보내 80억 매출을 올렸단다, 하는 얘기가 들려올 땐 정말 힘들었습니다. 그때 tvN에 연출 PD 수가 90명 내외였어요. 30명 이상의 제작 인력이 빠져나가면 국내 프로그램 제작에 펑크가 나버리는 구조였기에 어차피 내보낼 수가 없었습니다. 더욱이 저희는 패키지를 내보냈기에 공동제작 없이도 충분히 현지화에 성공할 수 있는 조건들이 갖춰진 상태였습니다. 우리가 굳이 중국에 나가지 않아도 앉아서 수익을 올릴 수 있고 그런 것이 포맷 사업의 매력인데 말이죠. 기회비용이라는 것도 있지 않습니까. 그러고서 1년 반 만에 한한령까지 내려져 제가 그 압박으로 포맷과 공동제작을 같이하는 영업까지 했습니다. 그때 피로감을 못 견뎌 제 건강에도 문제가 심각했었죠.

제일 힘들었던 시절이 2016, 2017년이었군요. 포맷이 수익을 가져온다는 것을 실감하고서 다들 열을 올릴 때였죠.

그러다가 중국의 한한령으로 해외 인력 파견 사업이 한순간에 무너진 겁니다. 이후 다른 방송사들은 한동안 포맷을 전혀 판매할 수 없었음에도 저희 CJ ENM은 꾸준히 포맷 판매량을 늘렸습니다. 차이나머니가 빠져나갔을 때도 저희의 포맷 매출은 한 번도 감소한 적이 없었습니다. 유럽이나 북미로 수출할 때 필수조건인 패키지가 구비되어 있었으니까요.

〈꽃보다 할배〉도 〈너목보〉와 비슷한 시기에 수출되었나요?

그렇습니다. 지금까지 CJ ENM 개발팀이 글로벌용으로 만든 IP가 110편쯤 됩니다. 전부 완벽한 바이블과 패키지를 갖추었기에 어느 나라에서든 문제없이 현지화가 가능합니다. 2012년부터 꾸준히 작업해온 성과죠. 다른 방송사에서 단단히 각오하지 않으면 결코 따라올 수 없는 역량과 자산을 갖추게 된 겁니다.

라이브러리 구성하기가 결코 만만한 일이 아니지만 포맷 판매를 위해 선행되어야 할 과제죠.

포맷을 수출하기 위해서는 다양한 상품의 라이브러리가 많이 준비돼야 한다고 봅니다. 한국의 포맷은 게임쇼가 많이 없다는 것이 약점이에요. CJ ENM 라이브러리의 상황도 비슷하고요. 〈소사이어티 게임〉도 게임쇼를 표방하지만 실질적으로 대형 리얼리티프로그램이라고 해야 할 겁니다. 지금도 어떤 사업자나 광고주에게도 모든 유형의 포맷을 맞춤형으로 제시할 수 있는데 게임쇼만은 제가 내밀 것이 많지 않습니다.

게임쇼가 없다는 것을 약점이 아니라, 한국 포맷과 서구 포맷의 다른 점이라고 봐도 되지 않을까요? 말하자면 한국 포맷의 특징이 감성적이고, 승자와 패자가 따로 없다고 말이죠.

제가 피칭할 때마다 소개하는 CJ ENM의 일관된 주제는, 평범한 삶에서 비범한 스토리와 비범한 캐릭터를 만들어내는 것이 가능한 상품이라는 점입니다. 지난 5년간 한 번도 바뀐 적이 없어요. 〈너목보〉에도 음치도 있고 가수도 있고 스토리도 있지 않습니까. 한국 포맷만의 특징을 만들기 위해서는 더 많은 노력이 필요하고 정답은 아직 없다고 해야겠죠. 단지 한 걸음 한 걸음 앞으로 나아가고 있다고 봅니다. 저는 2017년 MIPCOM에서 만난 FRAPA(The Format Recognition and Protection Association, 포맷인증보호협회) 공동의장 얀 살링으로부터 이사회에 들어오라는 제안을 받아 이미 실질적인 멤버로 활동 중입니다. 2018년도 MIPTV에서 새로운 프라파 이사회 멤버로 CJ ENM의 황진우가 추대됐다는 발표가 났죠.

대단히 중요한 계기가 만들어졌네요.

프라파 이사회 멤버가 되니 포맷의 세계적 선수들, 프리맨틀Fremantle, 엔데몰 등은 물론이거니와 베트남에서 사업할 때조차 사람들의 응대가 완전히 달라졌습니다. 제가 좀 보자고 하면 설마 프라파 이사회 멤버가 베끼겠냐 하면서 무조건 오픈해주고, 태국의 어떤 사업자는 어떻게 프라파 멤버로 가입할 수 있냐고 제게 문의까지 하더라고요. 결국 이 역할을 담당하는 것이 전반적인 포맷 사업에 지속적으로 도움이 되리라고 믿습니다. 현재 아시아 지역에서 포맷 관련 문의가 오면 프라파를 대표하여 자문이나 조언을 해주고 있습니다.

우리는 브랜드와 함께 살고 있습니다

국내에서 포맷으로 할 수 있는 거의 모든 것을 해보지 않으셨습니까? 드라마 〈나인〉도 수출하고, 〈꽃보다 할배〉도 미국 NBC까지 가서 시즌 3를 기다리고 있고. 이제 새롭게 광고 분야로 오시게 된 것은 어떤 계기 때문이었습니까?

제 경력에서 다음 스텝이 무엇인가를 고민하게 됐습니다. 마침 이덕재 님이 미국 대표로 가는 걸 보면서 저도 똑같은 일에만 머물 게 아니라는 생각도 들었고요. 몇 년간 쌓아온 포맷 사업을 기반으로 해서 스크립트 포맷Script Format, 72초 티브이를 비롯한 쇼트 폼Short Form에도 관여했습니다만, 저는 크로스 플랫폼cross-platform이 다음 단계의 답이라고 보지는 않습니다. 포맷 산업에서 차세대 게임 체인저를 저는 브랜드라고 봤고, 그것을 스토리랩StoryLab 같은 사업자가 증명하고 있다고 봅니다.

제가 콘텐츠 마켓에 20년간 다니면서, 배급과 제작, 플랫폼과 프로덕션 중에 어느 것이냐는 질문에서 단 한 번도 플랫폼이란 대답을 들어본 적이 없습니다. 늘 제작이라는 답이 나오죠.

콘텐츠가 언제나 제왕이라는 것은 사실입니다. OTT 산업이 확장되고 유튜브나 넷플릭스가 막강해지면서 콘텐츠를 접할 경로가 다양해졌고 큐레이션 능력이 디지털 시대의 중요한 역량으로 대두되었지만 여전히 가장 중요한 것은 콘텐츠라는 겁니다. 그렇다면 콘텐츠가 제작되기 위해 필수적인 것은 펀딩이고 그 펀딩은 어디서 나오겠습니까? 바로 후원에서 나오는 거죠. 다시 말해 광고가 없으면 콘텐츠가 만들어질 수 없습니다. 콘텐츠는 세계적 경쟁력을 확보해야 품질이 높아지거든요. 물론 시청자들은 브랜디드 콘텐츠Branded Contents를 보고 싶어 하지 않습니다. 돈을 지불하고 60분짜리 광고를 누가 보고 싶어 하겠습니까? 그런데 광고 대행사인 Havas의 하바스 스튜디오, 덴쓰의 스토리랩, TBWA의 KLOK, GroupM의 Motion Content Group 등에서 나온 콘텐츠의 스토리텔링은 상당히 다르고 또 뛰어납니다. 그들은 아이디어를 정확하게 광고주의 마케팅 전략에서부터 시작합니다. 언젠가 MIP에서 코카콜라가 어째서 〈아메리칸 아이돌〉의 스폰서십을 중단했는지 하바스 관계자로부터 설명 들은 적이 있습니다. 15년간 〈아메리칸 아이돌〉은 특이한 코카콜라 컵과 CM송 만드는 그 구도를 변경한 적이 없는데 광고비는 열 배가 넘게 올랐다는 겁니다. 하바스 입장에선 광고주인 코카콜라를 더 이상 설득할 수 없었다는군요. 즉 이제는 콘텐츠에서 광고주 브랜드의 단편적인 노출보다 브랜디드 인티그레이티드 콘텐트Branded Integrated Content가 선호되고 그것이야말로 포맷의 차세대 모델이라는 것입니다. 이 같은 추세가 한국에서 유리하게 작용할 수 있습니다. 유럽의 방송 프로그램의 평균 연령은 8년 6개월입니다. 한 콘텐츠가 프라임타임에서 성공하면 평균적으로 8년 반 동안 방송이 지속된다는 겁니다. 그런데 한국은 1년 3개월이에요. 한국이 새로운 프로그램으로 자주 바뀐다는 것은 크리에이티브 역량이 좋다는 것을 드러냅니다. 그리고 브랜드는 계속해서 새로운 크리에이티브를 필요로 할 수밖에 없지요.

프로그램이 자주 바뀌는 것이 좋은 점인가요? 콘텐츠들이 많이 만들어지는 건 물론 좋지만요.

참신한 콘텐츠들이 많이 나오면 기획단계에서부터 포맷을 장착하듯 타깃 광고주의 니즈에 맞추면서도 보다 좋은 퀄리티의 콘텐츠를 창작할 수 있다는 겁니다. 셀럽을 이용해서 세계적으로 유통될 수 있는 경쟁력도 갖출 수 있고요. 이를테면 얼마 전에 다른 방송사 프로그램에서 부동산 앱을 활용하여 방을 구하는 포맷이 있었는데 그렇다고 그 프로그램이 앱 홍보물로 보이진 않잖아요. 그런 것이 브랜디드 인티그레이티드 콘텐트입니다. 그것을 포맷으로 잘 패키징해서 해외에 나가면 부동산 관련 광고주들이 따라붙을 수 있는 역량을 갖게 되는 겁니다. 그렇게 되면 수출되기도 쉽고, 광고 따내기도 쉽고, 제작도 쉽고, 편성 따기도 쉬운 거죠. 상품 경쟁력이 매우 높아지는 것입니다.

〈스페인 하숙〉도 그런 콘텐츠라고 할 수 있지 않습니까? 다른 프로그램들을 봐도 나영석 PD는 이를테면 비비고라는 브랜드를 콘텐츠 안에 자연스럽고 편안하게 심으면서도 홍보한다는 느낌은 전혀 들지 않습니다. 그러나 실질적으로 이런 프로그램들이 비비고의 해외 진출에 영향을 미치지 않습니까?

나영석 PD가 몇 년 전 칸 라이온스에서, 우리는 브랜드에 둘러싸여 살고 있다고 말했죠. 이제는 대놓고 노출하는 것보다 자연스럽게 일상을 통해 보여주는 게 추세입니다. 〈스페인 하숙〉의 스폰서 중 하나가 전기밥솥 브랜드예요. 밥을 너무 맛있게 짓죠. 그런 것을 진행한 곳이 바로 광고 사업 부서예요. 그래서 제가 여기로 옮긴 겁니다. 이 시점에서 긴요하니까요.

CJ ENM은 국내에서 메이저로 시작한 것이 아니기에 오히려 다른 전략을 취해 성공하신 것 같습니다. 앞으로도 우리는 이렇게 주류와 다른 입지를 지켜야만 할까요?

때때로 메이저 전략도 필요합니다. 제 주변의 해외 프로듀서들이 〈킹덤〉 얘기를 많이 합니다. 그전엔 한국 사극에 관심도 없었던 사람들이 말이죠. 물론 퓨전 사극이고 장르물이지만, 외국 스태프가 전혀 유입되지 않은 채 캐릭터, 완성도는 물론이고 분장이나 촬영, 조명까지 한국 드라마의 저력을 과연 넷플릭스가 없었다면 그렇게 잘 소개해줄 수 있었을까요? 저는 일부에서 외국계 OTT 침공이라면서 넷플릭스를 문제 삼는 분들 만나면 솔직히 답답한 마음이 들기도 합니다. 중요한 것은 이거예요. Think global, act local. 만일 act global을 하려면 미국을 비롯한 전 세계를 대상으로 해야죠. 하지만 한국은 한국입니다. 미국처럼 시작부터 global이 아닌, 한국을 중심으로 해서 세계로 나아가는 것을 준비하는 거죠. 우리나라는 인구도 적고 단일 언어밖에 안 쓰는 나라인데, 한류라 하면 흐르는 물을 가리키지 않습니까. 그럼 물이 계속 흘러 물레방아라도 돌려야지, 안 그러면 흘러서 그냥 지나가버려요. 우리는 물레방아가 되어야 합니다. 계속 흐르게 만들려면 계속 진화하고 변화해야 합니다. 이 좁은 땅덩어리에서 한류를 얘기하더라도 사고방식은 글로벌 스탠더드에 맞출 필요가 있다고 봅니다.

결국 모든 콘텐츠의 속성은 무언가를 소비시키기 위한 것이라는 점에서 탁월한 선택을 하셨다고 봅니다. 그렇다면 광고와 협업을 통해 think global 하기에 적절한 장르나 작품은 어떤 것이라고 보십니까?

개인적으로 리얼리티프로그램에 관심이 많습니다. 한국은 관찰 예능이든 뭐든 진짜로 리얼한 상황만 선호해요. 무조건 진실이냐 아니냐를 따져요. 그러나 〈복면가왕〉도 〈꽃할배〉도 글로벌 포맷으로 나가는 것을 염두에 둔다면 한국의 실제상황 이상의 요소들이 필요합니다. 미리 준비되어 움직이는 것들이 생각보다 많이 반영되어야 한다는 것입니다. 비교컨대 미국의 리얼리티 프로그램은 준비가 더 철저하고 리액션까지도 대본에 따라 움직여요. 어찌나 리얼하게 연기하는지 기가 찰 정도죠. 스케일도 우리나라의 열 배, 백 배인데 말입니다. 반면에 리얼하게 촬영한 것을 최대한 반영하고 후반작업에 공들이는 것은 우리나라만큼 잘하는 곳이 없습니다. 그런 현장 에너지를 독보적인 노하우로 상품화하고 광고와 잘 연결시키면 충분히 현실적으로 가능성이 있다고 봅니다.

방송사 네트워크보다 광고사 네트워크가 훨씬 크니 훨씬 글로벌해질 수 있겠네요.

〈쇼 미 더 머니〉가 아디다스 스폰서십이 잘 구현된 사례인데 제가 그것을 해외 콘퍼런스에서 보여줬더니 외국인들이 모두 깜짝 놀라더라고요. 이렇게 잘 만든 걸 어째서 해외에 많이 알리지 않았냐면서. 한국은, 외국에서는 다 허용되는 광고 노출에 규제가 너무 많은 것이 사실입니다. 그동안 국내에서 규제 때문에 보여주지 못하고 가리던 것들을 한번 포맷화하고 상품화해서 해외에 소개하면 다들 눈이 휘둥그레질지 모르죠.

요컨대 처음에 제작 PD로 시작하셔서 중간에 이그제큐티브 프로듀서, 기획 PD, 리서치 등을 쭉 하시다가 결국 다시 제작으로 오신 거네요.

네, 저는 뼛속까지 PD이기 때문에 앞으로도 계속 기획과 제작을 할 겁니다. 아시아 최강의 프로듀서가 되고 싶습니다. 그것이 제 목표입니다.

아시아라는 수식어를 넣는 이유는 무엇입니까?

제가 아시안이기 때문이에요. 아시아인이 주류에 서려면 아시아적 콘텐트로서 강점과 이점을 살려야 합니다. 한국 사람이 어설프게 미국 프로그램을 만들 필요가 없다는 거죠. 할리우드에 진출한 이병헌 씨가 그런 얘길 했습니다. 아직도 나는 발차기를 더 높이 해야 하고 몸을 더 단련해야 하고 더 세련되게 움직여야 할 타이밍이지만, 어느 순간 내면 연기를 할 때가 오리라고 생각한다고. 〈G. I. Joe〉가 리부트를 내는데 드웨인 존슨을 포함한 전 출연진이 바뀌었음에도 스톰 쉐도우 역의 이병헌 씨는 살아남았어요. 전적으로 연기력 때문입니다. 이런 아시아적 콘텐트의 접근이 중요합니다.

Think global, act local을 지향해야 할 미래의 후배들에게 해주고 싶은 얘기가 있다면요?

Think Global, act Local을 준비하기 위한 제일 첫 단계는, 우리의 콘텐츠가 더 이상 한국에만 국한된 것이 아니라 글로벌 공동체에 열려 있고 그 어느 때보다 기회가 많다는 것, 그 사실을 인정하는 것입니다. 이를 인정하려면, 당연히 할 수 있다는 자신감이 필요하고요. 자신감을 가지려면 명확한 목표 수립이 필요하겠지요. 그리고 목표를 수립하기 위해서는 글로벌에 대해 많이 알아야 하고, 따라서 열심히 공부해야 할 것입니다. 글로벌로 나아갈 수 있다고 생각하고 우리의 콘텐츠를 내수용으로 준비해보세요. 아마도 깜짝 놀랄 일들이 많이 펼쳐질 겁니다.

"저는 포맷이든 뭐든 글로벌 콘텐츠에 대해서라면 정말 열심히 공부했습니다. 그러면서 자연스럽게 네트워크가 꾸려졌을 따름입니다. 전설적인 포맷 컨설턴트 미셸 로드리그 같은 분은 처음에 제 명함을 건넸을 때 큰 관심을 보이지 않았습니다. 대여섯 번을 따라다녔더니 당신 지식을 오픈하기 시작하더군요. […] CJ ENM은 변방에 있던 뉴플레이어라고 할 수 있고 뉴플레이어의 무기는 신선하다는 것입니다. 그러나 신선하다는 것만 갖고 수출로 이어지진 않습니다. 저희의 전략은 가장 완성도 높은 포맷 프로덕션 패키지를 구비하는 것이었습니다. 바이블은 기본이고 영어로 번역된 스케줄링, 예산표도 중요합니다. 어떤 질문에도 답변을 제공할 완벽한 패키지를 준비하자는 것이었죠."

"우리나라는 인구도 적고 단일 언어밖에 안 쓰는 나라인데, 한류라 하면 흐르는 물을 가리키지 않습니까. 그럼 물이 계속 흘러 물레방아라도 돌려야지, 안 그러면 흘러서 그냥 지나가버려요. 우리는 물레방아가 되어야 합니다. 계속 흐르게 만들려면 계속 진화하고 변화해야 합니다."

2018 MIPFormats

정체된 삶을 거부하는 반골 편력기

EBS 애니메이션부 남한길

1970년생. 서울대학교 국제경제학과 졸업. 한양대학교 문화콘텐츠학 석사. 1997년 EBS에 입사하여 제작본부, 편성본부 등을 거치며 〈성교육 애니메이션 3부작–아이들이 사는 성〉, 〈뽀롱뽀롱 뽀로로〉, 〈꼬마버스 타요〉 등의 기획·공동제작·투자. EBS국제다큐멘터리영화제(EIDF) 사무부국장 역임. 2012년부터 2년간 아시아태평양방송연맹(ABU) 말레이시아 파견 근무. 이후 글로벌사업부에서 해외사업 총괄. 2019년 현재 애니메이션부 재직 중. 안시국제애니메이션페스티벌 교육부문 대상, 문화체육관광부장관 표창 등 수상. 한국콘텐츠진흥원, 서울애니메이션센터, 수출입은행 등 자문위원.

© 유동영

"감동이라는 단어는 제 삶의 화두 같은 것입니다. 비즈니스도 진심이 만들어내는 감동이 될 수 있지 않을까요."

대학교에서 무엇을 전공하셨습니까?

학부 전공은 국제경제학이었지만 원래 법학을 공부하고 싶었습니다. 중학교 때 장 가뱅과 알랭 들롱이 나오는 영화 〈암흑가의 두 사람〉을 보고 감동한 나머지, 억울한 사람을 변호하는 변호사가 되어야겠다고 결심했거든요. 결국 원했던 바와 다른 학과에 들어가게 되었고, 자연스레 학업보다는 풍물패 동아리 활동에 더 몰두했습니다. 거기에서 마당극 공연도 하게 됐고요.

영화를 보고 감동하면 보통 예술 분야를 지망하게 되는데 특이한 경우시네요. 그리고 법대 지망과 마당극 공연은 거리가 좀 멀지 않습니까?

좀 그렇죠. 마당극을 하면서 연극도 많이 보러 다니고 한때 연극배우를 꿈꾸기도 했습니다. 그러다 〈암흑가의 두 사람〉 이후 '감동'이라는 단어야말로 제 삶의 화두 같은 것이라는 생각이 들었습니다. 마당극을 할 때도 관객과 교감하는 순간이 정말 좋았습니다. 때마침 언론고시 바람이 일어 응시하기로 했는데, 방송을 통해 더 많은 대중들과 감동을 나누리라고 자기합리화를 한 셈이죠. 애초부터 기자에는 관심 없었고 다큐멘터리 PD가 되어야겠다 작정하고서 MBC와 KBS 입사시험을 치렀습니다만 인연이 닿지 않았습니다. 취업 재수를 준비해야 하나 고민하면서 혼자 월출산으로 여행을 다녀왔는데 학교에 돌아오니 EBS 지원 마감일이라 하더라고요. 함께 지원했던 친구는 떨어져 지금 독립 다큐멘터리 감독으로 이름을 떨치고 있고, 저는 1997년 4월 EBS에 입사해 다큐멘터리 PD와 거리가 있는 길을 걷고 있네요.

1997년이면 IMF 외환위기가 막 시작되었을 텐데, 그때 EBS 상황은 어땠나요?

제가 입사한 1997년에 EBS는 한국교육개발원으로부터 독립해서 한국교육방송원이라는 독립적인 방송기관이 됐습니다. 입사 이후 제 의사와 상관없이 어린이프로그램으로 발령받았어요. 유럽의 대안학교, IMF 영향으로부터 자유로운 타이완 경제의 비결, 이런 주제들을 다룬 특집 다큐멘터리의 조연출도 맡았지만, 대부분 〈딩동댕유치원〉 같은 어린이프로그램의 조연출을 담당했습니다.

그 당시는 방송 3사 모두 어린이프로그램을 제작했던 시기였으니 다른 방송사들을 참고하면서 제작할 때였습니까?

아닙니다. MBC 〈뽀뽀뽀〉, EBS 〈딩동댕유치원〉, KBS 〈TV유치원〉, 이 세 프로그램들은 1980년대 초반 거의 비슷한 시기에 만들어졌습니다. 당시에도 어린이프로그램에 대해서는 EBS

가 상당한 자부심이 있었죠. 교과프로그램을 제외하면 제작부서 가운데 어린이프로그램 제작부 규모가 가장 컸습니다. 대외적으로 EBS가 가장 높은 주가를 올린 유아프로그램은 〈방귀대장 뿡뿡이〉였죠. 2000년 EBS가 교육부로부터 독립해 한국교육방송공사가 되면서 유아와 어린이프로그램에 전략적으로 투자한 산물이었습니다.

우물 안 개구리의 문화적 충격

갑자기 어린이프로그램을 맡아 힘들지 않으셨습니까? 아이들과 소통도 해야 하고, 효과적인 교육 과정도 고려해야 하고, 어린이프로그램을 감수하는 전문가들, 어린이들의 엄마들 모두 만나야 했을 테니 적잖은 어려움이 있었으리라 짐작됩니다만.

네, 그래도 완성된 프로그램이 방송되고 어린이들과 시청자들의 피드백을 접하면 보람을 느꼈죠. 가장 힘들었던 건, 제작 과정 중에 출연한 어린이들이 지쳐 보일 때였습니다. 지금은 제작 가이드라인에 의해 사정이 많이 좋아졌지만, 스튜디오 여기저기에서 소리 지르면서 NG 날 때마다 다시 찍고 하루에 몇 편씩 만드는 일을 성인 출연자들도 감당하기 힘든데 아이들은 오죽하겠습니까. 어린이들을 위한 프로그램임에도 정작 제작 과정에서 어린이들이 소외된다는 느낌이 저를 힘들게, 또 혼란스럽게 했던 것 같습니다.

어린이프로그램에는 언제까지 계셨습니까?

조연출 생활은 어린이·청소년프로그램에서 했지만 정작 PD 입봉은 다큐멘터리로 했습니다. 1999년 소위 벤처 열풍이 한창일 때 벤처기업 1세대들의 성공담을 다룬 다큐멘터리로, 벤처기업협회의 협찬을 받은 프로그램이었습니다. 〈장학퀴즈〉 조연출을 맡은 지 2개월째였는데, 갑작스레 차출된 셈이었죠. 그 다큐멘터리를 만들면서 6개월간 집에 거의 못 들어갔던 것 같아요. 주 1회 방송에 PD가 3명이었으니, 3주에 한 편씩 찍어냈죠. 이어 2000년 공사 출범과 함께 대형 어린이·청소년프로그램들이 편성되고, 〈퀴즈! 천하통일〉로 다시 어린이프로그램으로 돌아왔습니다. 처음에 주어진 과제는 초등학생 대상 퀴즈프로그램을 제작하는 것이었는데, 초등학생들이 개인전을 치르게 하는 것은 너무 매몰차게 여겨져 단체전을 기획했습니다. 각 학교 대표 36명이 6행 6열로 앉아 1대1 퀴즈 대항을 하는 가운데, OX 퀴즈로 시작해 '십자포'라는 1대5 대결 방식도 넣고 중간에 게임도 집어넣어 즐겁게 일했습니다. 첫 MC는 컬트삼총사가 맡았어요. 설 특집으로 서울대생 36명과 초등학생 대표 36명이 대결한 적도 있는데, 초등학생 대표들이 이겼습니다. 물론 초등학생 눈높이에 맞춰 재미를 준 문제들이었죠.

지금 시도해도 괜찮을 포맷 같은데 얼마 동안 그 프로그램을 만드셨나요? 언제 다른 파트로 넘어가셨습니까?

1년 반 동안 맡았습니다. 초등학생들 사이에서는 십자포가 인기 절정이었습니다. 스태프와 방청객을 제외하고 출연자만 80명 가까이 되는 규모가 큰 프로그램이었던지라, 당시 우면동 스튜디오에서는 녹화가 불가능해 옛 현대방송 스튜디오를 빌려서 제작했습니다. 이후 편성기획부로 옮겨 특집프로그램 기획을 담당하게 됐는데, 예산 부족으로 새로운 기획보다는 이미 완성된 콘텐츠를 구매하는 데 치중할 수밖에 없었습니다. 특히 해외 콘텐츠를 많이 찾아 외화 파트 선배님들을 자주 접했고 2002년 초에는 해외 콘텐츠를 구매하는 팀으로 옮기게 되었죠.

구매팀으로 이동하신 뒤 제일 먼저 참여하신 해외 마켓이 어디였습니까? 프로그램을 제작하다가 해외 출장을 나간 느낌이 어떠셨을지 궁금합니다.

처음 참여한 마켓은 2003년 MIPJunior였을 겁니다. 그 이전에는 주최 측에서 미리 배포하는 영문 카탈로그를 책상에 앉아 검토하고 정리하기만 했습니다. 지금이야 MIPDOC,

MIPJunior에 참가하면 컴퓨터에 저장된 어떤 프로그램이든 골라서 볼 수 있지만, 예전에는 한 번에 VHS 테이프 다섯 편씩만 빌려 스크리닝하는 시스템이었습니다. 제 역할은 출장 가는 선배님들이 빌려 볼 프로그램들을 미리 선별하는 거였어요. 1천여 편의 시놉시스들이 수록된 영문 카탈로그를 사전에 모조리 훑어, 구매할 만한 작품의 VHS 일련번호와 프로그램명, 배급사 리스트를 정리하고 거기에다 각각의 시놉시스를 간단히 번역해 덧붙였습니다. 때로는 카탈로그가 출장 날짜가 열흘도 채 안 남았을 때 도착하는 경우도 있었으니 그만한 하드트레이닝이 없었어요. 물론 영화나 다큐멘터리에 우선 관심이 갔지만, EBS가 워낙 해외 애니메이션을 많이 구매하고 있었던지라 애니메이션도 열심히 살펴봤습니다. 그러다가 2003년에 드디어 처음으로 MIPJunior에 참가했죠. 말 그대로 문화적 충격이었습니다. 시놉시스 검토 과정에서도 제가 우물 안 개구리라는 건 알았지만, 완전히 딴 세상이었죠. 사무실에 앉아 1년 반 동안 호기심을 잔뜩 키웠던 겁니다. 이틀간 MIPJunior 스크리닝 이후 MIPCOM 마켓에선 구매 미팅이 30분 단위로 진행되었고, 마지막 저녁 식사 미팅까지 긴장을 풀 겨를이 없었습니다. 밤 11시가 넘어서야 숙소에 들어가 오늘을 정리하고 내일을 준비하는 식이었죠. 가장 놀란 것은 EBS가 한국 최고의 바이어 대접을 받는다는 사실이었습니다. EBS는 다른 방송사만큼 규모가 큰 거래는 없을지라도 외화 편성이 어느 방송사보다도 많았기에 가장 많은 배급사들을 만나야 했던 겁니다. 특히 해외 유수의 애니메이션 제작사, 배급사들은 오로지 EBS만 바라보고 있었고요. 상황이 이러하니, 해외에 나와 오히려 회사에 대한 자부심을 느끼게 된 것이 사실입니다.

애니메이션을 구매한 거래처들은 주로 어떤 회사들이었습니까?

디즈니, 니켈로디언, BBC, 밀리마주Millimages, 디코드Decode(현 DHX 미디어), 넬바나Nelvana 등 북미와 유럽의 메이저 회사들이었습니다. 당시 국내에는 유아·어린이 대상 셀스루sell-through 비디오 시장이 어마어마했습니다. 〈텔레토비〉, 〈방귀대장 뿡뿡이〉의 경우 1백만 세트 이상이 판매되어, EBS가 TV 방영권을 구매한 애니메이션에 대해 국내 비디오 업체들의 관심 또한 대단했죠. 마켓에서 EBS 미팅이 끝나고 나면 국내 비디오 업체들이 뒤이어 들어가 EBS가 관심을 가진 작품을 조사하고 그 비디오 판권을 미리 구매하기도 했습니다.

애니메이션을 구매할 때 바이어로서 선호하는 스타일이 있으셨나요?

완성된 작품을 구매하든 새 작품을 기획하든, 미디어 입장에서는 완전히 새로운 작품보다는 기존의 것과는 다른 작품을 선호한다고 봅니다. 그 당시 국내 채널들에 소개되던 외국 작품들은 대부분 일본 애니메이션이고 초등학생 대상이었습니다. EBS는 다양성과 차별화에 대해 고민하는 가운데 유아층 대상의 애니메이션들에 집중하게 되었고요, 개별 작품을 넘어 해외 방송사들의 편성 전략에도 눈길을 돌렸습니다. 공영방송인 프랑스텔레비시옹은 애니메이션의 경우 대상 연령층별로 명확하게 채널 구분을 하고 있더라고요. France 2채널은 십 대, France 3채널은 초등학교 저학년, France 5채널은 미취학아동을 각각 겨냥하고 있었습니다. 디즈니와 니켈로디언 같은 거대 미디어그룹 역시 대상 연령층을 고려한 채널과 편성 전략을 갖고 있었고요.

그렇게 EBS 애니메이션의 색깔을 정하셨군요. 그러면 국내 애니메이션 제작도 그것에 맞추게 되신 건가요?

외국의 우수한 유아애니메이션을 많이 보고 구매하다 보니, 우리 애니메이션도 가능하지 않을까 하고 자연스레 고민하게 됐습니다. 어린이날 특집을 구상하다 〈강아지똥〉이라는 클레이 애니메이션을 접하고, 우여곡절 끝에 EBS에서 방송하고 비디오로도 출시하는 과정에서, 애니메이션을 기획·제작하는 데 있어 프로듀싱이 얼마나 중요한지 절감하게 됐습니다. 여전히 제 업무는 외화 구매였지만, 틈틈이 국내 애니메이션 제작사들을 찾아나서기 시작했어요. 그때만 해도 다른 방송사들의 국내 애니메이션 투자가 활발할 때여서, 투자 예산 한 푼 없는 EBS의 명함을 들고 국내 애니메이션 제작사들을 만나는 게 쉬운 일은 아니었죠. 문전박대까지는 아니더라도 이루 말 못 할 면박을 당하기도 했고요. 그러다가 2002년 초반에 아이코닉스와 오콘을 만나게 되었습니다.

〈뽀로로〉, 한국 애니메이션의 길을 열다

그렇게 〈뽀로로〉가 시작됐군요. 처음 만나셨을 당시 아이코닉스와 오콘의 상황은 어땠습니까?

아이코닉스는 작품들의 연이은 부진에 IMF까지 겹쳐 다섯 분이 힘을 모아 어쩌면 마지막이 될 작품을 준비하고 있었습니다. 오콘은 〈나잘난 박사〉라는 실시간 애니메이션 시사만평을 통해 3D CGI 애니메이션을 TV에 적용시켜 새로운 도약을 준비하고 있었고요. 당시 〈뽀로로〉 기획서는 시장에서 주목받지 못했습니다. 〈토이스토리〉의 1995년 개봉 이후 3D CGI 애니메이션이 끊임없이 시도됐음에도 불구하고 여전히 TV 시리즈는 2D 애니메이션이라는 고정관념이 있었고, 더군다나 대상층이 유아라는 이유로 애니메이션 대접을 못 받기도 했어요. 실제로 〈뽀로로〉가 방송되고 2~3년까지도 종종 그게 무슨 애니메이션이냐, 애들 교육물이지라는 비아냥을 들었습니다. 어쩌면 〈뽀로로〉는 가진 것 없는 이들끼리 힘을 모아 만들어낸 작품이라고 할 수 있죠. 마지막이라는 심정으로 오랜 기획 끝에 유아용 애니메이션을 시도한 아이코닉스, 3D CGI 기술을 TV 시리즈에 적용하고자 노력했던 오콘, 그리고 투자 예산은 없이 차별화된 편성 전략으로 국내 애니메이션 기획·제작에 참여하려 한 EBS가 함께한 작품이 〈뽀로로〉였습니다.

아이코닉스, 오콘과 처음에 어떻게 일을 진행하셨습니까?

우선 EBS의 한계보다 EBS만의 가능성에 주목했습니다. 공동제작사로 참여하는 부분에 있어, 다른 지상파방송사와 달리 제작비 현금 투자를 할 수 없는 조건을 처음부터 솔직히 밝혔죠. 대신 유아 대상 작품의 기획과 후반 제작 역량이 EBS가 투자할 수 있는 자산이었어요. 캐릭터마다 대사는 물론 행동 하나하나까지 유아들에게 적절한지 코멘트와 방향성을 제시하고, 주제곡을 비롯한 음악과 음향작업, 성우들의 목소리 연기까지 후반 작업으로 작품을 완성하는 오랜 노하우를 EBS가 더하기로 한 거죠. 이와 함께 미디어 파트너로서 EBS의 차별화된 역할이 또 다른 자산이었을 겁니다. 워낙에 TV 시리즈 애니메이션의 비즈니스모델은 영상물보다 캐릭터 라이선싱에 기초하기 때문에 작품의 안정적인 미디어 노출이 필수적입니다. 하지만 주 1회 6개월 방송이 끝나면 바로 방송을 종료하는 게 다른 국내 지상파의 일반적인 편성이었죠. 〈뽀로로〉는 평일 오전과 오후, 주말 재방송, 이렇게 주 3회 방송을 이어가기로 했습니다. 구매가 아니라 공동제작사로 참여하면서 지속적인 작품 노출에 대한 사내 명분도 만들 수 있었죠. 작품이 성공한 덕이지만, 2003년 11월 27일 첫 방송 이후로 지금까지 〈뽀로로〉 편성을 중단한 적이 없습니다.

2002년과 2003년 사이에 굉장히 중요한 일들이 있으셨군요. 칸 출장을 다녀오시고서 거의 대전환이라 할 만한 계기가 일어났네요.

실질적으로 제 주요 업무는 여전히 외화 구매였고 국내 애니메이션 업무는 말하자면 가욋일이었습니다. 칸에서의 자극이, 국내에서도 한번 해보자는 생각으로 이어져, 다양한 업체와 사람들을 만나면서 국내 애니메이션에서 EBS의 자리를 조금씩 만들어갔던 것 같습니다. 예산도 없고 인력도 저 혼자였지만, EBS가 지닌 유아 콘텐츠 기획·제작의 노하우와 무엇보다 편성이 큰 힘이 되었어요. 지속적인 노출뿐만 아니라 편성시간대의 차별화도 중요했던 것 같네요. 2000년대 중반만 해도 저녁 6시 애니메이션 방송시간대를 보장하라는 시위가 있었죠. 하지만 대상층이 유아라면 프라임타임도 달라져야 한다고 봤습니다. 그래서 유아들에게 최고 인기 프로그램이었던 〈방귀대장 뿡뿡이〉 전후 시간대를 프라임타임으로 삼아 오전 8~9시, 오후 4~5시에 방송을 내보냈습니다. 공동제작사들이 방송을 앞두고 편성시간대 때문에 많이 불안해했던 게 사실입니다.

〈뽀로로〉는 처음부터 바로 인기가 있었나요?

그렇지는 않았던 것 같습니다. 2003년 말에 방송을 시작하고 2004년 상반기에 VHS 테이프가 셀스루 비디오로 출시되면서 소위 히트의 조짐이 보였습니다. 시청률도 세 번째로 재방송되던 2004년 하반기에 가장 높았습니다. 그리고 프랑스 최대 방송사인 TF1에서 〈뽀로로〉를 구매했습니다. 아마 한국 애니메이션에 대한 해외의 인식을 바꿔놓은 것이 〈뽀로로〉가 TF1에 수출되었을 때, 그리고 〈디보〉를 처음으로 MIP에 선보였을 때가 아닌가 합니다. 2000년대 초반만 해도 우리 애니메이션 제작사들이 MIP에서 디즈니 같은 메이저 관계자들을 만나는 건 대단히 어려웠습니다. 잡지를 통해 얼굴을 익힌 뒤 행사장 밖의 카페에 앉아 있다가 지나가는 메이저 관계자들의 얼굴을 발견하면 쫓아가 그야말로 엘리베이터 피칭을 할 수밖에 없었죠. 그런데 〈뽀로로〉가 TF1에 판매되고 〈디보〉가 이전에 볼 수 없었던 색감과 질감을 3D CGI로 구현한 트레일러를 선보인 이후로, 거꾸로 디즈니, 니켈로디언 같은 메이저 회사들이 한국 공동관에 직접 와서 작품들을 보기 시작한 겁니다.

그런 작업들과 함께 외화 구매도 계속하신 겁니까?

네, 그리고 애니메이션 연출도 했습니다. PD로 입사했으니 연출에 대한 욕심이 없을 수 없었죠. 30분 분량 3부작으로 구성된 〈아이들이 사는 성〉이라는 유아 대상 성교육 애니메이션이었는데, 〈뽀로로〉의 성과 덕에 사내에도 제작비 투자 예산이 배정되기 시작한 시기였습니다. 제가 만든 기획서를 기반으로 애니메이션 제작사를 선정하고, 외부 투자까지 유치해서 직접 연출한 작품이었고, 2006년 안시애니메이션페스티벌에서 교육부문 대상도 받았어요. 이렇게 자연스레 국내 애니메이션 업무가 제 주요 분야가 되었지만, 외화 구매에서 손을 놓지는 못했습니다. 사내 인력상황도 이유였지만, 마켓에서 바이어로서 정보를 접하고 배움을 얻는 것이 국내 애니메이션을 기획하고 커미셔닝 역할을 하는 데 있어 대단히 중요한 바탕이 되었기 때문이죠.

맞습니다. 그런 것을 배우기에는 MIPJunior만 한 데가 없습니다.

그래서 MIPJunior는 저한테 늘 1순위였습니다. BBC의 커미셔너 마이클 캐링턴Michael Carrington, PBS Kids의 린다 시멘스키Linda Simensky, 이런 사람들이 무슨 얘기를 하는지 MIP에서 접할 수 있었던 거죠. 애니메이션은 지금 기획해도 완성품이 나오는 것은 빨라야 2~3년 뒤입니다. 미디어의 입장에서는 2~3년 뒤의 시청 패턴이나 소비자의 기호를 예측하든지, 아니면 자신만의 미디어 전략, 편성 전략을 가지고 작품들을 원하는 방향으로 이끌어가야 합니다. 그렇다면 BBC, PBS 같은 주요 미디어들의 관심과 고민은 무엇인지, 그리고 2~3년 뒤 실제로 완성되어 나오는 작품들은 그 관심과 고민을 어떻게 반영했는지, 그런 것들을 마켓에서 배우고자 했습니다.

방송용 애니메이션에서는 그런 식의 조사가 흔치 않았습니다. 어떤 방향으로 프로그램을 만들어야겠다 하는 전문성이 흔치 않았죠.

MIP을 비롯한 콘텐츠 마켓에 꾸준히 참가하고 나름의 스터디를 하면서, 지금은 당연한 얘기지만 유아애니메이션이 더 세분화되고 있다는 것도 알게 됐습니다. 〈뽀로로〉의 성공 이후, 유아애니메이션을 외면하던 국내 제작사들도 너나없이 유아용 작품 기획과 제작에 몰두했지만 이 분야에 대한 고민과 경험이 부족했던지라 대부분의 기획서들이 〈뽀로로〉를 넘어서지 못했던 것이 사실이에요. 그러던 차에 〈찰리와 롤라〉라는 그림책 기반의 영국 애니메이션을 만났습니다. 그리고 MIPCOM에서 이 작품을 두고 BBC의 마이클 캐링턴이 한 인터뷰를 보게 되었죠. 그는 〈토마스 기관차〉와 〈스폰지밥〉 사이의 가교역할을 할 작품을 찾는다면서, 남자아이들을 위해서는 완구나 게임이 결합된 작품, 여자아이들을 위해서는 형제자매간 우애를 다룬 작품이 필요하다고 했습니다. 〈찰리와 롤라〉는 한 집안에서 남매간에 벌어지는 일상생활의 갈등을 스스로 해결해가는 이야기로, 마이클 캐링턴이 찾던 바로 그런 작품이었던 거죠. 〈뽀로로〉는 기획할 시점에 대상 연령층을 5~7세로 설정했지만 실제로 3~5세 대상 시청률이 제일 높게 나왔어요. 그나마 여자아이들은 다섯 살이 되고서도 시청했지만 남자아이들은 네 살만 되어도 〈짱구〉로 채널을 돌리는 게 현실이었어요. 시청자의 시청패턴과 기호를 읽어내어 이를 새로운 기획과 제작에 반영할 수 있게끔 방향성을 제시하는 것이 커미셔닝의 기본임을 새삼 깨닫게 되었죠. 로이비쥬얼과 〈로보카폴리〉를 준비하면서 제가 가장 염두에 둔 역할도 이런 고민을 공유하는 것이었습니다.

보통 마켓에 가는 분들의 목적은 배급으로 한정되어 있는데, 그것을 제작과 연결시켜 또 다른 성과물을 이끌어낸다는 건 흔치 않을뿐더러 쉬운 일도 아닐 텐데요. 그렇게 국내 애니메이션을 언제까지 하셨습니까?

2009년 말까지 했습니다. 명함조차 내밀기 힘들었던 EBS가 어느덧 국내 애니메이션 업계에서 중요한 미디어로 자리잡게 되고, 그 커지는 영향력만큼이나 책임의 무게와 역량의 한계도 무겁게 다가왔습니다. 사실 조직 안의 과도하고 왜곡된 기대에 지치기도 했었고요. 그러다 우연한 계기로 2010년 전국언론노동조합으로 파견 근무를 나가게 되었어요. 정책실장이라는 직함은 거창했지만, 매일 성명서 쓰고, 미디어 정책토론회에 참가하고, MBC와 KBS의 파업에 참여하면서 1년을 보냈습니다. 애니메이션과 함께했던 시간이 뜨거웠던 만큼, 헤어지는 과정도 조용하진 않았던 것 같습니다.

비주류 채널의 정체성이 아시아에서 통하다

1년 뒤에 돌아오신 다음에는 어떤 일을 하셨나요?

2011년에는 EBS국제다큐멘터리영화제(EIDF) 사무국 일을 맡았습니다. 2월에 EIDF로 옮겼는데, 8월 영화제 개최까지 반년 남짓 남은 시점에서 개막식 장소조차 정해지지 않은 상황이었습니다. 개막식은 삼성전자 서초사옥에서, 국제 콘퍼런스는 두산건설 모델하우스에서 치르는 등 말로 다 못할 우여곡절 끝에 행사는 무사히 마쳤는데, 행사 이후에 당시 정치 상황과 맞물려 상영작 다큐멘터리를 둘러싸고 웃지 못할 해프닝이 있었습니다. 결국 EBS 복귀 1년 만에 마치 쫓겨나듯 말레이시아에 있는 ABU(아시아태평양방송연맹) 사무국으로 다시 파견 근무를 나가게 되었어요. 애초에 원치 않았던 파견 근무였지만, 안 갔으면 후회할 뻔했어요. 2년간 그곳에 있으면서 무엇보다 아내와 두 아이들과 온전히 함께 지낼 수 있었으니까요.

아시아 쪽 네트워크를 그때 만드신 건가요?

그렇습니다. 사실 애니메이션을 할 때는 우리보다 앞선 북미·유럽의 미디어나 제작사들과 주로 교류하고 아시아의 방송사들에는 관심을 쏟지 못했어요. 그러다 말레이시아에 가서 아시아의 여러 개발도상국들을 돌아보고 그곳 방송사들의 현실을 알아가기 시작했습니다. ABU는 아시아-태평양 지역의 방송사들이 만든 민간국제단체로, 한국의 KBS·MBC·SBS·EBS, 일본 NHK, 중국 CCTV, 호주 ABC 등 200여 개 회원사가 모인 협회입니다. 아시아-태평양 지역은 국가 간 경제 수준의 격차가 워낙 크다 보니 방송사들의 제작환경이나 수준도 격차가 심합니다. 그래서 한국, 일본, 중국의 방송사들이 ABU 사무국에 직원을 파견 보내 다른 회원 방송사들을 대상으로 노하우를 전수하는 역할도 해요. 저는 PD로 파견되었고, KBS는 기자, CCTV는 스포츠 담당자를 파견해서 저마다 역할을 수행했죠. 저는 애니메이션 중심의 어린이 콘텐츠 기획·제작 워크숍을 위해 거의 두 달에 한 번꼴로 아시아 국가들을 돌아다녔습니다.

그렇게 형성된 네트워크로 나중에 어떤 일들을 진행하셨나요?

2년간 파견 근무 이후 EBS로 돌아오니 새로운 해외 먹거리를 찾아보라는 과제를 주셨어요. 때마침 2014년 2월에 베트남

VTV로부터 연락을 받았습니다. ABU에 있을 때 만난 VTV의 한 PD가 베트남에 EBS와 비슷한 방송사를 설립하려 한다면서 도움을 요청해왔어요. 수차례 소통한 끝에 4월에 베트남 교육방송 설립을 위한 MOU(memorandum of understanding, 양해 각서)를 체결했습니다. 그렇게 EBS 모델 수출이라는 일을 시작해 2016년 6월에 콘텐츠 판매까지 아우르는 글로벌사업부장을 맡아 여태껏 일하고 있습니다.

포맷 계약도 하시지 않았습니까?

중국 CETV에 〈모여라 딩동댕〉 포맷을 판매한 것이 EBS의 첫 포맷 수출이었습니다. 포맷 수출이 통상적으로 엔터테인먼트 중심이다 보니, 어린이프로그램의 특성을 반영한 계약 사례를 찾기가 어려웠습니다. 제가 한 일은 애니메이션 분야의 경험을 살려 포맷 계약에 캐릭터 라이선싱 개념을 더한 것이고, 실질적인 바이어 발굴과 협상은 선배님과 동료들이 진행했습니다. 그렇게 맺어진 포맷과의 인연이 2014년과 2015년, 싱가포르 ATF에서 EBS 포맷을 발표하는 자리로 이어질 줄은 미처 몰랐죠. 덕분에 〈선생님이 달라졌어요〉라는 다큐멘터리 포맷을 베트남 VTV에 판매하기도 했고요. 사실 EBS 콘텐츠 수출은 완성된 프로그램이든 포맷이든 장르적 한계가 있었습니다. 2016년 기준 한국콘텐츠진흥원 자료를 보면 대한민국 방송콘텐츠 수출액에서 다큐멘터리의 비중이 0.7퍼센트, 애니메이션은 0.5퍼센트예요. 말하자면 EBS가 역점을 두는 콘텐츠는 제작예산이나 제작량에 있어 획기적인 투자를 하더라도 대대적인 해외 매출 상승을 가져오기는 어렵다는 겁니다.

그럼 글로벌 콘텐츠 시장에서 EBS가 모색할 수 있는 가능성은 무엇입니까?

앞서 언급한 EBS 모델 수출이라는 비즈니스 모델을 시도하고 있습니다. 베트남을 비롯한 수많은 개발도상국들은 EBS의 기능을 하는 교육 미디어에 대한 수요가 있지만, 이를 어떻게 설립하고 어떻게 운영할지에 대한 노하우가 부족합니다. 따라서 EBS라는 비즈니스 모델 자체를 상품화하여 판매하고자 시도하고 있어요. 해당 국가 상황의 타당성 조사를 기반으로, 교육방송 설립과 운영에 대한 컨설팅, PD와 기술인력 대상의 콘텐츠 기획 제작 연수, 콘텐츠 기반의 시설 장비 설계, 그리고 수익 구조와 마스터플랜 제시까지, EBS의 어제와 오늘을 패키지화해서, 해당 국가에 현지화된 교육 미디어의 내일을 설계해주는 것이죠. 베트남은 2014년 MOU를 맺은 뒤에 타당성 조사, 컨설팅, 인력연수의 과정을 거쳐 2016년 1월에 베트남 교육방송 VTV7을 개국했습니다. 비록 EBS가 지분을 지닌 채널은 아니지만, 시작을 함께하다 보니 비즈니스로만 맺어진 파트너와 다른 끈끈함이 있습니다. 예전에 다큐멘터리와 애니메이션 위주의 콘텐츠 수출을 위해 베트남 시장을 노크했을 때 결과는 참담했습니다. 하지만 지금은 완성된 콘텐츠와 포맷 판매, 공동제작은 물론, 일주일 내내 한국 애니메이션만 방송하는 타임블록도 운영하고 있습니다. 해외 플랫폼 구축을 통한 콘텐츠 매출 상승을 가져온 셈이죠. 물론 플랫폼 구축 과정에서 발생한 매출도 있고요.

다른 방송사와 아주 다른 케이스네요. 채널의 색깔, 채널의 정체성을 갖고서, 즉 커미셔닝으로 채널을 내보낸 것은 EBS가 유일한 듯합니다.

콘텐츠에 있어 차별성과 다양성을 확보하는 것이 관건이듯, 특히 EBS와 같이 특수 목적으로 설립된 방송사의 경우에는 해외 진출 전략 역시 달라야 한다고 봅니다. 보편적인 방식 이외에 우리에게만 가능한 영역과 방식을 끊임없이 고민할 필요가 있는 거죠. 물론 성공 여부를 논하기는 아직 이르지만 새로운 시도는 계속되어야 한다고 생각합니다.

경제학을 전공하셔서인지, 보통의 콘텐츠 제작자들이 놓치기 쉬운 부분들을 잘 보시는 것 같습니다. 애니메이션은 수익 창출의 대표적 콘텐츠이지만 어린이 교육과 연결시켜야 하므로 일종의 기준이 필요한데 동남아시아권에서 유럽과 미국의 기준에 맞추기는 어렵지요. 아시아의 기준을 한국이 맞춰주어야 한다고 봅니다.

실제로 베트남 VTV7 협력 경험을 통해 EBS 모델 수출에 대한 자신감이 생겨, 아세안 국가를 비롯한 개발도상국 정부나 방송사들을 대상으로 열심히 프레젠테이션을 하고 다녔는데, 현실은 만만찮았습니다. 예외 없는 관심과 반드시 필요하다는 의지에도 불구하고 저희가 제공하는 컨설팅, 연수, 콘텐츠에 대한 비용을 지불할 능력이 있는 개발도상국을 찾기가 쉽지 않더라고요. 베트남은 다행히 현지 민간기업에서 비용을 책임졌던 겁니다. 결국 그 국가들의 재원 마련에 대한 솔루션까지 고민하다가 ODA(Official Development Assistance, 공적개발원조)에 주목하게 되었습니다. 따지고 보면 EBS도 미국의 차관, 즉 유상원조자금에 의해 설립되었거든요. 그래서 2016년부터 우리 정부 관련 부처들의 문을 지속적으로 두드렸고, 2018년 1월에는 국무총리님을 직접 뵐 기회가 생겨서, 콘텐츠를 중심으로 한 EBS 모델 수출의 ODA 사업화 필요성에 대해 말씀드렸습니다. 이후 정부 부처와 소통이 시작돼 이제 내년도 사업화 결정의 마지막 단계에 와 있습니다. 2020년 EBS 모델 수출의 ODA 사업화가 본격적으로 개시된다면, EBS를 중심으로 한 개발도상국 교육방송들과 일종의 연합(Alliance) 결성을 통해 또 다른 시도들을 꿈꿔볼 수 있을 겁니다.

다큐멘터리를 만들려고 EBS에 들어오셔서 맨땅에 헤딩 식으로 애니메이션을 시작하셨고 지금은 동남아시아의 맨땅에 헤딩하기인 셈입니다. 삽만 한 자루 드리면 어디서 무엇이든 해내시겠는데요.

EBS에 처음 입사할 때 한 직장에서 월급쟁이로 정체된 삶을 살지 않겠다고 마음먹었음에도 벌써 같은 직장에서 20여 년을 보냈습니다. 사실 애니메이션이나 글로벌, 겉은 화려해 보일지 몰라도 지상파방송사에서는 소위 비주류 분야입니다. 어쩌면 비주류 분야에서 기존의 것과 다른 여러 가지 새로운 사업들을 계속 만들어왔기에 그 변화무쌍함에 스스로 만족하면서 세월을 보낸 건지도 모르겠네요. 저는 운 좋게도 콘텐츠 마켓에 바이어로서, 또 커미셔너로서, 디스트리뷰터로서도 참가했습니다. 이러한 경험들이 EBS의 글로벌 전략을 고민하고 시도하는 데 큰 도움이 되었다고 봅니다. 지금은 EBS의 존재 가치를 바탕으로 한 교육방송 모델의 ODA 사업화를 위해 노력하고 있습니다. 새로운 도전에 시행착오와 좌절이 빠질 수는 없지만, 그럴 때마다 다소 뜬금없이 감동이라는 단어를 떠올리곤 해요. 지금은 관객이나 시청자를 대상으로 콘텐츠를 만드는 크리에이터는 아니기 때문에 피드백과 감동을 직접 나눌 기회는 제한적입니다만, 열악한 환경 속에서 창작의 의지를 불태우는 개발도상국의 수많은 창작자들을 보면서 감동을 받고, 그들이 관객과 시청자들에게 감동을 전달할 수 있도록 제 경험과 아이디어를 공유하는 것으로 또 힘을 얻습니다.

비즈니스 역시 진심이 만들어내는 감동이라 여기면서 말이죠.

* * *

저희 인터뷰를 마치고 얼마 안 있어 다시 애니메이션부로 오셨다고 들었습니다. 새롭게 일을 시작하는 소회는 어떠신지? 어떤 계획을 세우셨나요?

햇수로 10년 만에 복귀하는 셈인데요, 10년 전과 미디어 환경이 너무 많이 바뀌어 솔직히 막막함이 앞섭니다. EBS가 국내 애니메이션에서 무엇을 취할 것인가보다, 국내 애니메이션에 있어서 EBS가 어떤 역할을 해야 하고 또 할 수 있을지 고민하는 것에서 출발해보려 해요. 이전에는 아무것도 없는 상황에서 새롭게 일궈가는 과정이었다면, 지금은 성공에 안주하지 않고 스스로 변화를 만들어가야 할 때인 듯싶습니다. 이전의 경험에만 의지하지 않고 배운다는 마음으로 내부 동료들과 외부 제작사의 이야기를 많이 들으려고 합니다. 그 속에서 답을 찾아야죠. 솔직히 글로벌 사업을 책임지면서 새로이 벌여놓은 사업들을 일정 궤도에도 올려놓지 못한 채 떠나게 되어 마음이 많이 복잡하지만, 단절이라고 생각하지 않으려 해요. 애니메이션에 있어 EBS의 역할을 글로벌 차원에서 찾아갈 수도 있을 테니까요. 글로벌 시장 대상의 애니메이션 커미셔닝을 넘어서는, 또 다른 글로벌과 애니메이션의 콜라보를 모색해보겠습니다.

"콘텐츠에 있어 차별성과 다양성을 확보하는 것이 관건이듯, EBS와 같이 특수 목적으로 설립된 방송사의 경우에는 해외 진출 전략 역시 달라야 한다고 봅니다. 보편적인 방식 이외에 우리에게만 가능한 영역과 방식을 끊임없이 고민할 필요가 있는 거죠."

2014 ATF

코리아를 심은 콘텐츠의 민간외교관

㈜유나이티드미디어 대표 김태정

1962년생. 1987년 한양대학교 법학과 졸업. GS칼텍스에서 근무하다 오스트레일리아로 유학, 1991년 시드니대학교 국제관계학 석사 취득. 1994년부터 두산케이블, 1996년부터 아리랑TV에서 근무. 2007년 ㈜유나이티드미디어 설립. 저서 『문화산업 해외진출 지원정책 연구』(공저). 대통령 표창, 문화관광부장관상, 공보처장관상, 독립제작사협회 특별상, 방송 3사 공로상 등 수상.

ⓒ 유동영

"문화콘텐츠는 신뢰를 갖고 장기적인 안목으로 묵묵히 지켜봐주는 어른이 필요합니다."

대학 때는 어떤 분야를 전공하셨습니까?

법학을 전공한 뒤 지금의 GS칼텍스에 2년쯤 다니다 오스트레일리아로 유학을 갔습니다. 어렸을 때 펜팔을 통해 알게 된 오스트레일리아 시드니의 오페라하우스가 정말 인상 깊었거든요. 음악 감상을 좋아해서 오페라하우스도 자주 다니다가 음악잡지 《객석》에 정기적으로 글을 기고하는 특파원이 되기도 했습니다. 시드니대학원에서 국제관계학을 공부하면서도 문화·예술 분야에 대한 관심을 놓지 않았죠. 학업을 마친 뒤에는 미국 콜로라도주의 한국 사무소에서 잠시 일하다 한국에 케이블방송이 개국하기 전해인 1994년 3월에 두산케이블에 입사했습니다. 입사 직전에 리츠칼튼호텔에서 함께하자는 제안도 있었는데 호텔로 갔으면 후회했을 겁니다.

두산케이블에서 처음에 어떤 일을 시작하셨나요? 어떤 분들과 같이 일하셨는지요?

처음 두산케이블에서 국내 마케팅을 하다가 해외업무로 넘어갔습니다. 모든 업무를 혼자 봐야 했죠. 사내에 가르쳐주는 사람도 아무도 없었습니다. 1994년 10월부터 MIPCOM에 처음 나갔는데 정말 정신이 없었죠.

전공하신 법학, 국제관계학은 방송계와 거리가 좀 느껴지는데 초기에 어려움은 없으셨습니까?

예전부터 문화계에 관심이 많았고, 제가 전공한 국제관계학에도 영상과 미디어에 대한 얘기가 끊임없이 등장했기에 생소한 느낌은 없었습니다. 법을 전공했다는 이유로 계약서 검토는 늘 제 담당이었고요. 모든 것이 처음 시작하는 일이라, 어렵다고 의식할 겨를 없이 그저 내 길이다 하고 일했습니다.

어떤 프로그램들을 주로 수입하셨습니까?

두산은 교육 채널이었기 때문에, 청소년을 대상으로 한 드라마, 다큐멘터리, 영어교육프로그램이 많았고요, 문화·예술프로그램들도 많이 구매했습니다.

아리랑TV에 입사하시게 된 동기는 무엇이었나요? 처음에 어떤 업무를 맡아보셨습니까?

1996년 4월 국제방송교류재단이 설립되면서 아리랑TV를 위한 채용공고가 났습니다. 한국 문화를 세계에 알리는 외국어 채널로서 한국 영상물을 해외에 방영한다는 것에 관심이 가더군요. 안 그래도 2년 동안 외국 문화를 한국으로 들여오는 일을 하면서 어째서 우리 영상물을 외국에 판매·방영하지 못하고 수입해야만 하는가 하는 고민이 있었습니다. 그래서 1차 서류, 2차 필기시험, 그리고 3차로 세 번의 면접 끝에 1996년 7월에 어렵게 입사했습니다. 처음으로 한 일은 국내 거주 외국인들이 시청할 우수한 해외 영상물을 수입하는 일이었습니다. 하다 보니 이제 외국에 우리 프로그램을 수출해봐야겠다는 생각이 들더라고요. 문화관광부 공무원을 만날 때마다, 우리 방송영상물도 해외에 판매할 수 있습니다, 할 수 있습니다, 이런 얘기를 막 하고 다녔죠. 다들 처음엔, 출장 나가고 싶어 저러나 하고 제 얘기엔 관심도 없었습니다. "김태정 씨, 밥 먹으러 갑시다", 그런 말이 그나마 따뜻한 위로가 됐어요. 문화부 및 방송관계자들과 회의하는 중에 제가 이 화제를 꺼내면 그들도, 좋습니다, 그것이야말로 우리의 이상입니다, 그런데 누가 우리 것을 산다는 말입니까? 이렇게 반응하던 시절이었습니다.

중남미의 스필오버, 한국 문화를 퍼뜨리다

우리 프로그램을 수출할 수 있다고 생각하신 근거는 무엇이었습니까?

저는 우리도 마켓에서 부스 차리고 일반적인 마케팅만

하면 충분히 된다고, 안 될 것 없다고 생각했습니다. 그전까지 수출을 못 한 이유는 간단합니다. 한국 영상물을 수출하기 위해선 ME(Music Effect) 분리가 되어야 합니다. 외국인들이 우리 영상물에 자기들의 언어를 더빙할 수 있기 위해 트랙을 분리해놔야 한다는 겁니다. 그런데 우리 프로그램에 그 ME 분리도 되어 있지 않고 게다가 영어대본은 물론 한글대본도 없으니 그 점들을 완비하여 다시 제작하려면 결과적으로 재제작 비용이 판매가보다 높아지는 거예요. 팔아도 손해라면 누가 팔려고 하겠습니까. 그런데 어느 날 문화부에서 예산 1억 원을 지원할 수 있다는 소식을 접했습니다. 그래서 제가 그 비용으로 수출을 추진해보겠다고 나섰습니다. 그때 저를 믿고 지지해주신 분이, 아리랑TV 황규환 사장, 후에 문화부 차관 지내신 박민권, 종무실장을 맡으셨던 조창희, 세 분이었습니다. 세 분 덕에 한국 방송프로그램이 세계로 나가는 문이 열리게 된 셈이죠. 그 예산으로 준비해 처음으로 나간 국제 프로그램 마켓이 1998년 싱가포르에서 열린 MIPAsia였습니다.

MIPAsia에 나가기 전에 판매하신 프로그램도 있었습니까?

제 경험을 기준으로, 아리랑에서 제작한 〈만행〉이라는 다큐멘터리 한 편을 1천 불에 판매했습니다. 사실 제 친구인 페루의 라파엘 만리케Rafael Manrique라는 바이어가 혼자 돌아다니는 제 사정을 봐서 한 편을 구매해준 거였죠. 그러고서 몇 개월 후에

〈오리엔탈 메디컬 다이제스트〉라는 한방의학프로그램이 아르헨티나에 1만 5600불에 판매되었습니다. 그때부터 사내 분위기도 달라지고 문화부에서도 관심을 갖게 된 거죠. 그래서 1억이라는 예산이 아리랑TV를 통해 한국의 방송사들에게 주어진 겁니다. 부스 임대료와 인테리어 비용 등을 지원받아 최초로 한국 공동관을 만들었죠. 그 당시 방송사 해외 마케팅 담당자들 모두 의기투합하여 열심히 일했고 수출 성과도 많았습니다. 그 뒤 1998년 12월 16일에 아리랑TV에 국내 최초로 영상물수출지원센터가 만들어졌고요. 같은 해 12월 20일에 이 센터를 중심으로 주요 방송사 및 관계기관이 참가하여 영상물수출입협의회가 만들어졌습니다.

그것이 수출협회의 전신입니까? IMF로 암울했던 시기에 다들 얼마나 기뻐했을지 상상이 갑니다. 외화 한 푼이 아쉬웠던 시절이었는데요.

네, 그렇습니다. 영상물수출지원센터가 만들어질 때만 해도 정부 관계자는 우리가 이렇게 팔았다는 게 사실이냐고 되물었죠. 방송사 측에서도 처음엔 믿지 않았습니다. 그러다가 신문에서도 터뜨리고 앞으로 지켜보겠다는 얘기들이 들려왔죠. 그 뒤 1999년 4월에 MIPTV에 나갔을 땐 한국 공동관을 만들어 아리랑, MBC, SBS가 한 부스를 쓰고 KBS는 제일 작은 부스를 만들어 사용했습니다. 이어 문화부에서 추경예산으로 5억이 나왔습니다.

처음에는 예산이 한 2억으로 잡혀 있었는데 정부에서 이 분야를 지원해야겠다고 판단해서 예산을 대폭 늘린 겁니다. 그다음부터 MIPTV, MIPCOM을 포함하여 주요 국제 마켓에 한국 공동관 부스를 내기 시작했죠. 그런 와중에 저는 한국 영상물 영어대본과 ME 분리 등 수출용 프로그램 재제작 지원을 위한 단가 규정을 만들었습니다. IMF로 어려움을 겪고 있던 번역자, 제작자들의 상황을 고려해서 비교적 높게 책정했죠. 그들도 생계를 유지해야 일할 수 있지 않겠습니까.

그 단가 규정이 훌륭한 선례가 되어 지금까지 남아 있습니다. 아직도 이 사업을 필요로 하는 업체들이 많이 있거든요.

수출용 재제작 비용과 해외 영상물 마켓 전시회 비용도 지원되면서 미래를 위한 기반이 마련됐습니다. 그러다가 한국 프로그램 수출이 너무 잘되어 처음엔 1백만 불을 넘더니 다음 해엔 3백만 불, 6백만 불, 그러더니 1천만 불까지 돌파했죠. 그때부터 시작이었던 겁니다. 타이완을 시작으로 아시아 지역에서 한국 드라마로 난리가 난 거죠. 문화부를 비롯한 정부 각 부처에서도 한류가 일어났다는 상황을 실감하게 됐고요. 당시 김한길 문화부장관이 아리랑TV 사장과 함께 저를 불러들여, 앞으로 영상물 수출 전망이 어떠하겠는지 직접 질문하며 여러 가지 사안을 두고 대화하기도 했습니다. 1999년 이후로 정부 예산이 대폭 늘어나 우리가 할 수 있는 사업들이 훨씬 확장됐죠.

수출도 처음 시작할 때와 비교할 수 없을 정도로 증가했죠?

수출 초기인 97년도는 비행기에서 담배 피우던 시절이었죠. 그때와 비교하면 수출량도 증가했을 뿐만 아니라 양상도 많이 변화했어요. 처음에는 그냥 프로그램 판매였다가 이후에 포맷으로 그리고 지금은 프로덕션으로 넘어가는 단계잖습니까. ㈜크리에이티브리더스그룹에이트의 송병준 대표 같은 분은 한류를 크게 키우고 싶어 해서 국내에서 BCWW(국제방송영상콘텐츠마켓)라는 행사를 순전히 본인의 의지로 시작했습니다. 2002년도 2회 때부터는 아리랑TV가 주최하고 그룹에이트가 주관하는 것으로 해서 함께했죠. 2006년도에 아리랑TV의 영상물수출지원센터가 KBI로 넘어갈 때까지가 즐겁게 일했던 시기였습니다. 저는 KBI로 가지 않고 계속 아리랑에 남아 여러 업무를 담당하면서, 그전부터 수출업무와 병행해온 채널 마케팅, 즉 아리랑 채널이 다른 나라에 방송되도록 하기 위한 마케팅에 주력했죠. 제가 맡았던 지역은 주로 중남미 쪽이었고요.

우리나라에 몇 안 되는 중남미 전문가이신데 어떻게 그쪽과 인연을 맺기 시작하셨습니까?

라스베이거스의 냇피NATPE에서 혼자 식사하는 중에, 아까 말씀드린 그 페루의 바이어와 말을 트게 되어 친구가 되고 아리랑 다큐멘터리의 첫 판매로까지 이어진 겁니다. 라파엘의 소개로 콜롬비아의 안디나 링크Andina Link, 파나마의 테팔TEPAL, 아르헨티나의 호르나다스 데 카블레Jornadas Internacionales de Cable 같은 채널 마케팅 전시회에 참가해 중남미 지역 국가들과 아리랑TV 채널 재전송 계약을 했습니다.

국내 최초로 우리 채널이 중남미 지역에 진출한 것이군요. 그때만 해도 한국에서 해외로 나가는 채널은 아리랑TV가 유일했죠. KBS 월드도 한참 뒤에 개국했고요.

그렇게 중남미 지역에 한국의 유일한 위성채널로서 정체성을 갖게 되었습니다. 그리고 채널을 보다 확장하기 위해, 동남아에서처럼 중남미에서도 한류를 띄워보자고 〈천국의 계단〉의 판매·방영을 추진하였습니다. SBS로부터 〈천국의 계단〉을 구매해 스페인어로 더빙하여 중남미에 내보내는 작업을 한 거죠. 그러고서 현지 시청자들의 피드백을 사전 조사해봤습니다. 2003년쯤이었어요. 4개의 프로그램을 선정하여 제 지인들인 중남미의 방송 분야 종사자 30여 명에게 배포했습니다. 각 프로그램당 첫 편에 스페인어 자막을 넣어서요. 그중에 가장 인기 있을 만한 프로그램을 통계 조사해보니 〈천국의 계단〉이 월등히 우세하게 나와 그것에 스페인어를 더빙하기로 결정했습니다. 더빙 전에 영어 대본을 주면서 원본의 95퍼센트를 살리고 나머지 5퍼센트는 현지인이 사용하는 최신언어로 사용하라는 조건을 걸었고요. 당시 유행어들이 들어가 더 재미있게 만들어졌어요.

쉽지 않은 결정을 하셨네요. 2003년도에 〈겨울연가〉도 남미에 들어간 걸로 알고 있는데요.

남미에서 〈겨울연가〉는 동남아만큼 선전하지 못했습니다. 중남미 지역에서는 〈천국의 계단〉처럼 선악의 구도가 비교적 명확한 스토리를 선호하는 이유도 있었고, 또 이 지역은 아시아와 달라 정부 차원이 아닌 민간 차원에서 여러 번 재촉하고 공을 들여야 성과가 나오는 경향이 있거든요. 저는 중남미의 인적 네트워크로 익히 그 분위기를 알고 있었기에 브로슈어도 최고급으로 만들고 DVD 포장에 리본도 달고 스카프 같은 기념품도 넣어서 한 10개국을 쭉 돌았습니다. 물론 처음엔 반응이 없어요. 얼마 후에 한 번 더 돌았습니다. 남미 쪽 채널 마케팅도 고려하면서 좀 틀어봐달라고 재촉했죠. 그때 텔레문도Telemundo Int'l에 있던 베네수엘라 출신 친구 하비에르 아리스티무노Xavier Aristimuno가 중남미 주요 바이어 여럿을 소개해줬어요. 한번은 콜롬비아 방송사에서 프레젠테이션을 하게 됐는데 나중에 알고 보니 이사회더라고요. 프레젠테이션을 무사히 마친 뒤에야 제가 대단한 것을 치렀다는 것을 알게 됐죠. 그리고 〈천국의 계단〉이 원래 한국에선 20부작으로 방송됐는데 남미의 방송 편성시간에 맞추려고 22부작으로 늘리기도 했습니다.

굉장히 공을 많이 들이셨네요.

맞습니다. 특별하게 기억에 남는 사례가 칠레였는데요, 현지 방송사 TVN에서 3주간 편성이 비는 시기가 있어 제일 시청률이 낮은 시간대인 오후 4시에 〈천국의 계단〉을 내보내게 된 겁니다. 그런데 막상 방송이 임박하니 제 친구이기도 한 편성 이사 에르네스토 롬바르디Ernesto Lombardi가 시청자 반응이 어떻게 나올지 걱정되어 자기 부인한테 집에 있을 때 이 드라마 좀 보고서 모니터링을 해달라고 한 거예요. 부인도 여기저기 다니느라 바빠서 자기 집 가사도우미 여성들에게 다시 모니터링을 부탁했대요. 나중에 친구가 부인한테 어떻게 됐냐고 물어보니 하는 말이, 가사도우미 여성 두 명이 집안일은 안 하고 막 울고 웃고 재밌다며 난리더라는 겁니다. 대박이 터진 거예요. 시청률이 막 올라가고 시청자들의 재방송 문의로 전화기에 불이 났죠. 제 친구도 사내에서 어깨에 힘이 들어갔습니다. 광고료가 대폭 올라갔거든요. 아울러 스필오버 효과도 일어났습니다. 말하자면 칠레에서 트는 방송이 인접 국가 채널에서 잡힌 거죠.

중남미 국가들 사이엔 독특한 가족 문화가 있는 것 같더라고요. 채널의 상당 부분을 공유하는 것도 하나의 요인이 된 듯합니다. 그야말로 사막에 가서 물건 팔던 수출의 역군 이야기를 듣는 것 같네요.

칠레에서는 지상파와 더불어 위성으로도 방송됐습니다. 곧이어 도미니카공화국, 콜롬비아, 베네수엘라, 엘살바도르, 푸에르토리코 등에서도 테이프 달라고, 왜 빨리 안 주냐 해서 또 열심히 카피했죠. 그렇게 10개국에 〈천국의 계단〉이 방영되었습니다. 우리가 SBS로부터 판권 계약 기간을 2년으로 했어요. 형식적으로 편당 10만 원을 지불하고, 2년 뒤에 더빙권을 돌려주는 조건으로요. 2년간 그것을 방영한 뒤에도 일부 방송사는 SBS로부터 계속 계약을 연장하여 방영하고 있어요. 꾸준히 판매되고 있는 겁니다. 에콰도르에서는 지금도 방영되고 있다고 합니다.

칠레를 비롯한 남미에서 K-Pop이 유행하는 것을 처음에 이해하지 못했습니다. 그곳에서 어떻게 K-Pop의 고정 팬들이 몇천 명씩 생겨난 건지 납득하기 어려웠죠. 결국 드라마가 들어가서 음악이 같이 들어가게 된 거로군요.

맞습니다. 방송매체의 파급효과는 엄청났습니다. 한국 문화가 그만큼 친숙해진 것입니다. 중남미 시장은 물론 동유럽, 아랍, 아프리카 지역은 아직까지 눈에 보이는 수익이 나는 곳이 아니라, 한국 문화의 파급이라는 미래적 가치에 의의를 두어야 합니다. 현재 정부 정책 방안이 이전보다 신규시장 개척에 적극적이지 못한 것은 아쉬운 부분입니다.

지원하되 간섭하지 말아야 합니다

1997년에서 2005년도까지 정말 많은 일을 하셨습니다. 거의 우리나라 수출 콘텐츠의 정책적 기반을 마련하셨다고 해도 되겠는데요.

저뿐만 아니라 문화부에서도 정책적 기반을 만드는 데 헌신적이었고, 각 방송사 해외 판매자들도 현장에서 정말 열심히 일했던 시절입니다. 이런 문화사업은 민관이 함께 움직여야 합니다. 민간 차원에서 먼저 주도하고 문화부에서 적극적으로 지원하는 식으로요. 정부는 지원하되 간섭하지 말아야 합니다. 문화산업은 어떻게 될지 예측하기 어렵습니다. 1억 원을 지원했는데 시장에서 성공하지 못했으니 책임지라고 할 순 없는 거죠. 그 사람이 가는 방향을 믿고 맡겨야 합니다. 뱃사공이 많으면 문제가 생깁니다. 음악도 미술도 백 년에 몇 안 나오는 그런 사람들은 정부에서 믿고 간섭 없이 지원해주었기 때문에 한 국가의 경제에 일익을 담당할 수 있었죠. 이를테면 피카소라든지 이번에 서울시립미술관에서 전시하는 영국의 데이비드 호크니처럼요. 우리도 드라마 한 편 때문에 아시아 다른 지역에서 한국으로 대규모 관광을 오지 않습니까.

처음에 한국 프로그램이 다른 나라에 수출될 수 있고 어떤 방향, 어떤 방식으로 가능하리라고 생각하시게 된 근본적인 계기가 있었습니까?

비교적 단순한 계기였죠. 제가 문화·예술을 계속 관심 갖고 접하다 보니 이 분야의 영향력이 대단히 크다는 것은 익히 느끼고 있었습니다. 예전에 오스트레일리아 유학을 선택했던 이유도 단지, 펜팔로 받은 그림엽서의 시드니 오페라하우스가 너무 아름다웠기 때문이었습니다. 마치 〈겨울연가〉의 배경이 된 남이섬에 일본 여성들이 찾아와 자기들의 러브스토리를 꿈꾸는 것처럼요. 직장에서 일할 때도 내가 외국에서 구매하는 프로그램들 못지않게 우리 것도 재미있고 훌륭하지 않은가, 판매해봐야겠다고 생각했을 따름입니다. 이것이 한류라는 돌풍을 일으키리라는 것까지는 생각이 미치지 못했죠. TV는 보통 집안에서 온 가족이 보는 거잖아요. 극장에서 관람하는 영화와 비교했을 때 방송매체의 파급효과는 엄청났습니다. 그렇게 클 줄은 미처 몰랐어요. 한마디로 길에 놓인 밧줄을 무심코 잡았는데 소가 따라온 격이에요.

당시에 한국 드라마가 잘 팔리는 이유를 뭐라고 생각하셨습니까?

남미에서도 드라마가 강한 편이라 우리나라로서는 그리 쉬운 시장이 아닐 텐데요.

한국 제작자들이 드라마를 재미있게 잘 만들어요. 보는 사람들의 감정을 미세하게 건드리는 재능이 뛰어납니다. 그리고 젊은 남녀 배우들이 잘생겼고요. 제가 남미에서 드라마 제작하는 걸 직접 봤는데, 적당히 찍고 좀 쉬었다가 또 찍고, 중간에 손님 오면 다들 인사하고, 그런 식으로 하루에 두어 편씩 1백 편을 그냥 찍더라고요. 지금은 넷플릭스 들어오고 10부작으로 줄어들고 있다니 좀 달라졌겠지만 그래도 한국을 능가하긴 쉽지 않을 겁니다.

중남미에서 한국의 포맷도 의외로 반응이 좋던데 우리와 비슷한 정서가 있어서 그런가요?

우리와 정서적으로 공유하는 것들도 많은 데다 워낙에 흥이 있는 문화예요. 그리고 중남미는 단일 언어권이라 히트작이 생기면 다른 나라들로 상당히 쉽게 퍼져 나가요. 〈천국의 계단〉이 대히트를 기록한 우루과이 같은 곳에 제가 가서 느낀 건 아무것도 부족함이 없다는 느낌이었습니다. 다른 이웃 국가와 언어가 다 통하고, 고기도 풍족하고 농수산물도 사시사철 있으니 먹고 자는 데 불편함 없고, 특별히 뭔가 더 노력할 필요가 없는 거죠. 그러니 잘 만들어진 TV 프로그램의 시청률이 높은 거예요.

2006년도에 KBI로 안 가시고 바로 회사를 차리셨습니까?

2007년도 초에 회사를 차렸고요, 그전까지는 아리랑TV에서 채널 마케팅, 프로그램 판매와 홍보심의실장으로서 역할을 담당했습니다. 아리랑TV 입사 후 잦은 해외 출장으로 아이들과 많은 시간을 못 보낸 것이 아쉬워 아들과는 주말에 같이 운동했고, 초등학교 1학년 딸과는 함께 손잡고 통학하면서 얘기도 하고 장난도 치고 가장 행복한 시간을 보냈죠. 딸이 마다해도 졸졸 쫓아다닌 아버지였습니다.

유나이티드미디어는 어떻게 시작하셨습니까?

영상물 수출업무가 KBI로 넘어가기 전 동유럽 쪽에 판매를 시도해보고 싶어 마케도니아를 포함해서 4개국에 SBS 드라마 〈올인〉을 뿌린 적이 있습니다. 그런데 시간이 좀 지난 후에 외교부에서 저를 찾는 전화가 온 거예요. 이게 문제가 되는가 전전긍긍해서 가봤더니, 제가 진짜 좋은 일을 했다는 겁니다. 마케도니아에서 시청률 3위를 기록한 거예요. 그 나라도 돈이 없으니 1불에 팔았는데, 1인 성우로 방송하더라고요. 좀 비중 있는 방송은 남자 한 명, 여자 한 명, 이렇게 두 명의 성우가 나오고요. 중남미는 브라질을 제외한 모든 국가가 한 언어로 통하지만 동유럽 국가들은 언어가 다 다르니, 더빙에도 애로사항이 있습니다. 그런데 그곳에서 선교하는 한국분이 외교부에 편지를 써 보냈다는 겁니다. 이렇게 많은 사람들이 한국에 관심 보인 적이 없었고 이렇게 기도한 적도 없었다고요. 일반적으로 방송사에서는 눈에 보이는 수익이 나지 않는 곳엔 판매를 시도하지 않습니다. 그래서 저는 지역 판권을 구입해 직접 판매하기 위해 유나이티드미디어를 만들었습니다. 제가 돌아다니면서 편당 3백 불을 받는다 치고 열 군데를 돌면 3천 불이 들어오는 거죠. 이렇게 이것저것 하다 보면 수익이 나오리라 예상하고 호기를 부리며 독립한 건데 생각만큼 잘되진 않았습니다. 아무래도 판권을 보유한 방송사들은 세계 각 지역마다 따로 담당이 있으니 개인회사에 일을 잘 맡기지 않습니다. 그래서 독립제작사의 다큐멘터리 위주로 수출 대행을 하고 있습니다.

주로 어느 지역에 판매하시나요?

주로 중남미와 유럽 쪽에 판매하고 있습니다. 아시아는 거래하는 업체들이 많으니 저까지 나설 필요는 없을 것 같고요. 유럽이나 중남미 지역은 일반적으로 다들 판매하지 못하리라 생각하기 때문에 제가 판매했다고 하면 금액에 상관없이 다들 고마워합니다. 생각지도 않은 수입이 들어오는 데다 제작자 및 작품에 대한 신뢰도가 쌓이는 거니까요. 그런 식으로 수출을 대행해주고, 영화를 포함하여 방송프로그램 수입도 꾸준히 하고 있습니다.

해외 판매작들 중에 특별히 기억에 남는 케이스가 있습니까?

제가 2000년경에 와일드21 제작사에서 만든 〈DMZ 생태계〉라는 다큐멘터리 한 편을 내셔널지오그래픽에 국내 최고가인 5만 불에 판매한 바 있습니다. 그들과 계약할 당시 저는 조건을 걸었습니다. 이 다큐멘터리의 제작진 두 명이 본사에 가서 자기들 작품의 일부를 재가공하여 더 완성도를 기할 수 있도록 체류비 일체를 지원해달라고요. 그래서 계약이 그 조건으로 성사됐습니다.

그런 수준의 가격과 현지 워크숍은 중소제작사로서 획기적인 일이죠. 아리랑TV에서 하신 일들은 거의 공무원 업무이신데요? 민간기업에서 그런 과정을 추진하기란 대단히 어렵습니다.

아리랑TV가 정부산하기관이니 국가 공무원 일이나 다를 바 없었죠. 이 기간에는 보람차고 즐겁게 일했습니다. 안타깝게도 우리나라는 여전히 행정편의주의와 연관된 시스템 문제가 많은 편이라 정부기관에서 제대로 역할을 해내기가 쉽지 않죠. 사실 제가 당시에 그렇게 자유롭게 다니면서 새로운 일들을 마음껏 시도할 수 있었던 것도, 다들 제가 하는 일을 아리랑의 주요 업무가 아니라고 봤기 때문이었을 겁니다. 그래서 혼자 돌아다니고 수시로 출장 다녀도 필요 없이 간섭하는 윗사람이 없었죠. 아리랑TV

의 김명중 부사장(현 EBS 사장)은 제가 신규시장을 개척할 수 있도록 적극적으로 성원해주신 분입니다. 만일 그때 출장을 못 가게 하셨다면 아랍과 중남미에 한국 드라마가 알려지지 못했겠죠. 그러니까 문화콘텐츠는 신뢰를 갖고 장기적인 안목으로 묵묵히 지켜봐주는 어른이 필요합니다.

또 기억에 남는 다른 분들이 있으신가요?

유진룡 전 문화부장관은 국장 시절에 저한테 직접 연락하셔서 한류에 대해 이것저것 물어보시고 격려해주셨어요. 한국콘텐츠진흥원의 강익희 박사는 한류와 해외 콘텐츠 동향의 큰 흐름을 알려주셨습니다. 또 미국 SBS인터내셔널에서 근무 중인 김문진 국장도 중남미의 한류를 확장하는 데 그때부터 지금까지 큰 역할을 해오고 있습니다.

한류의 역사를 죽 돌아봤을 때 현재의 우리 콘텐츠에 대해 어떻게 생각하십니까?

우리가 만드는 콘텐츠는 세계 최고 수준입니다만 이제는 다른 나라의 여러 사람들과 지혜와 자본을 모아 함께 만드는 공동제작으로 가야 합니다. 넷플릭스가 선례를 보여주고 있죠. SKT 등 통신업체와 우수한 제작사의 활약이 방송사보다 대두되리라는 것을 올해 MIPTV, 베를린영화제, 칸영화제에 다녀오고서 더 절감했습니다.

칸의 유일한 한국인 VIP

칸에 MIPTV, MIPCOM뿐만 아니라 영화제까지 50회 이상 다니셨는데 이제 거의 역사가 되시겠는데요? MIP에서 유일한 한국인 VIP이십니다.

MIP에서 VIP로 선정되는 것은 기분 좋은 일이죠. 제가 많이 다녀서이기도 하겠지만, 무엇보다 해외 방송관계자들의 추천이 큰 이유였을 겁니다. VIP가 되면 일반인이 들어갈 수 없는 각종 행사와 파티에 참석할 수 있고, 그 자리에는 세계적인 방송사 대표, 유명 제작사와 영상물 업계에서 결정권을 가진 사람들이 모입니다. 이를테면 한국의 CJ ENM, SKT, 주요 방송사 대표들이 인적 네트워크를 만들 수 있는 자리인 거죠. 저는 여기에 참석하면서 최신 트렌드와 결정권자들의 관심사, 앞으로의 투자 방향 등의 정보를 얻고 있습니다. 또한 여기서 만난 사람들을 통해 국내 제작사의 해외 공동제작을 비롯한 각종 협력사업을 연결해 주고 있습니다. 가끔 그런 생각이 들더라고요. MIP에서 전 세계 방송인을 대상으로 '올해의 인물'을 선정하는 행사가 있는데 우리나라도 K-컬처 확산으로 올해의 인물이 나올 여건이 무르익지 않았습니까. 앞으로 국제적인 마인드를 지닌 방송계 CEO의 적극적인 자세와 참여가 뒤따른다면 한국인이 선정될 가능성도 없지 않습니다.

부럽습니다. 우리도 누군가 올해의 인물로 나와야 할 텐데 찾는 게 쉽지 않네요.

3년 전쯤에 일본이 MIP 행사 주빈국이었을 때 아베 총리가 연설하는 영상을 봤는데 그 자신감이 진짜 부러웠습니다. 아베가 영어로 연설 시작할 즈음에 저는 식탁 위에 차려진 맛있는 스시나 먹겠다고 그랬어요. 그런데 갑자기 그 영어가 너무 똑똑하게 잘 들리는 거예요. MIP 행사를 계기로 문화강국으로 가는 길을 시작하고 그다음으로 패션쇼를 파리에서 성대하게 열고서 2020년 도쿄올림픽을 통해 일본을 세계 최강국으로 이끌고 가겠다는 포부를 자신감에 찬 영어로 차근차근 밝히는데, 끝까지 경청하지 않을 수 없었어요. 그리고 너무 부러웠어요. 국가의 최고 지도자가 국제행사에서 자국의 문화강국 비전을 제시하는 것이요. 결국 제가 하도 감동 먹어 그 스시를 못 먹었습니다.

일본이 당시에 정말 많은 투자를 했습니다. 그 시점부터 문화산업을 적극 지지하기 시작했죠.

그에 비해 한국의 근황은, 방탄소년단처럼 개별적인 성과를 내는 경우를 제외하면 좀 아쉬운 점이 있습니다. 그리고 문화 정책과 관련된 정부 인사 및 관계자들이 너무 자주 바뀌는 감이 있어요. 그래서 정책에도 일관성이 부족합니다.

후배들 혹은 이 분야에 들어오고 싶어 하는 청년들에게 조언을 주신다면요?

예전에 저는 마켓에 가면 절대로 한국 사람과 식사하지 않았습니다. 지금은 가끔 함께 식사하지만 처음 20년 동안은 이 약속을 스스로 지켰어요. 그리고 초청받은 파티는 늘 몇 군데씩 찾아다니면서 해외 친구들을 열심히 만들었죠. 지금까지도 그곳에서 만난 친구들의 도움을 많이 받고 있습니다. 그런 파티를 돌아다니기 위해서라도 평소에 체력을 튼튼히 길러야 합니다. 그리고 대화에 끼려면 세계인들의 공통 관심사인 문화·예술 분야에 대해서도 공부해야 하고, 행사 기간에도 아침마다 CNN이나 BBC 뉴스를 챙겨 보면서 세태와 흐름을 훑어야 하고요. 그리고 하나 더 추가한다면 사물을 보는 시각을 다르게 가져가라는 것입니다. 마치 입체파 화가 피카소처럼 말이죠. 제가 예전엔 한국 사람들끼리 식사하는 자리를 피했는데 지금은 마다하지 않는 한 가지 이유가, 저와 함께 마켓 다니던 외국인들이 이제 이 업계에서 은퇴했거나 너무 높은 지위로 올라가버렸기 때문이에요. 이제는 후배들과 마주 앉아, 파티 같은 데 좀 꼬박꼬박 다니라고 잔소리하면서 같이 밥 먹어요. 지금은 파티 가면 열두 시, 한 시까지밖에 못 있지만, 예전에는 마켓 열리는 5일 중 4일간은 어김없이 새벽 두세 시까지 돌아다녔습니다. 단체로 함께 나가고 함께 귀가하는 업체들도 있지만 저는 그때나 지금이나 혼자 다녔고 숙소도 편의를 위해 늘 전시장 앞쪽에 잡았습니다. 그 근방을 수없이 돌아다녔고 덕분에 동네 사람들과도 교류가 꽤 있어요. 문제가 생기면 해결해주는 친구 마기, 갤러리 운영하는 디디에, 가장 오래된 식당을 운영하는 소피를 비롯해서 칸 주민들과 지금도 소통하고 한국 선물도 갖다주곤 하죠. 빨간 뚜껑 진로 소주 갖다주면 진짜 좋아하는 친구도 있어요.

제가 오랫동안 뵈온 바에 의하면 패션 감각도 남다르시고 지금까지 들려주신 이야기를 죽 봐도 거의 예술가의 삶을 연상하게 됩니다. 앞으로 하시고 싶은 일이 있다면요?

지금껏 해왔던 일, 문화라는 키워드로 한국을 세계에 알리는 일을 계속하고 싶습니다. 그리고, 이 일을 통해 좋은 추억들을 계속해서 쌓고 싶어요. 언젠가 더 이상 일할 수 없을 때, 적금처럼 부어왔던 '추억의 통장'을 조금씩 꺼내보면서 저만의 즐거움을 누려보려고요.

"칠레 방송사 TVN에서 3주간 편성이 비는 시기가 있어 〈천국의 계단〉을 내보내게 됐습니다. 그런데 막상 방송이 임박하니 편성 이사가 걱정되어 자기 부인한테 드라마 모니터링을 해달라고 한 거예요. 부인도 바빠서 자기 집 가사도우미 여성들에게 다시 모니터링을 부탁했대요. 나중에 물어보니 하는 말이, 가사도우미 여성 두 명이 집안일은 안 하고 막 울고 웃고 재밌다며 난리더라는 겁니다. 대박이 터진 거예요. 아울러 스필오버 효과도 일어났습니다. 칠레에서 트는 방송이 인접 국가 채널에서 잡힌 거죠. 방송매체의 파급효과는 엄청났습니다. 한국 문화가 그만큼 친숙해진 것입니다. 중남미 시장은 물론 동유럽, 아랍, 아프리카 지역은 아직까지 눈에 보이는 수익이 나는 곳이 아니라, 한국 문화의 파급이라는 미래적 가치에 의의를 두어야 합니다."

"문화산업은 어떻게 될지 예측하기 어렵습니다. 그 사람이 가는 방향을 믿고 맡겨야 합니다. 음악도 미술도 백 년에 몇 안 나오는 그런 사람들은 정부에서 믿고 간섭 없이 지원해주었기 때문에 한 국가의 경제에 일익을 담당할 수 있었죠. 피카소라든지 데이비드 호크니처럼요. 우리도 드라마 한 편 때문에 한국에 대규모 관광을 오지 않습니까."

2019 MIPTV

콘텐츠 유통 전략의
미래를 지휘한다

CJ ENM 해외콘텐츠사업국 서장호

1973년생. 서울대학교 성악과 졸업. 2000년 12월부터 2011년 3월까지 온미디어 콘텐츠사업부 재직. 2011년부터 CJ ENM 해외구매팀에서 근무. 2013년부터 해외콘텐츠사업국 국장으로 재직 중.

ⓒ 유동영

"저보다 뛰어난 사람들이 저와 함께 일하면서 자기 역량을 잘 발현할 수 있는 환경을 만들고 싶습니다."

대학교에서 무엇을 전공하고 이 분야엔 어떻게 입문하셨습니까?

저는 서울대학교 성악과 출신입니다. 노래가 좋아서 선택한 건데 막상 프로로 가는 길에 입문해보니 제 성향이나 자질이 무대 위에서 공연하는 것이 아니더라고요. 재학 중에 아일랜드에서 어학연수도 하고 여기저기 둘러보며 고민하다가, 2000년 12월에 온미디어에 공채로 입사해 콘텐츠사업팀의 구매 담당자로 일을 시작했습니다. 처음엔 한국 콘텐츠, 그다음에 해외 독립제작사의 콘텐츠들을 주로 구매했고 나중엔 메이저 스튜디오와 거래하는 일도 맡게 됐습니다. 이후 우리 콘텐츠를 수출할 기반이 만들어지면서 해외 판매도 담당하게 됐고요.

온미디어를 선택하신 특별한 이유가 있었나요? 일반 방송사를 지원해볼 생각은 안 하셨나요?

저는 엔터테인먼트 분야에서 일하고 싶었는데 그 당시 CJ엔터테인먼트와 온미디어가 있었고 온미디어가 채널을 더 많이 보유하고 있었습니다. 제가 방송사 PD를 선망한 것은 아니었기 때문에 일반 방송사에 지원할 생각은 아예 안 해봤어요. 워낙 영상물이나 매체를 좋아했고 일찍부터 상업 콘텐츠에 관심이 많았던 것 같습니다.

그럼 처음부터 자기 진로를 정확하게 파악하고서 이 일을 시작하신 편이네요.

처음부터 콘텐츠 구매나 판매라는 일을 염두에 뒀다기보다 콘텐츠를 가지고 외국과 소통하며 일하는 것을 막연하게 꿈꾸었던 것이니, 방향을 아주 정확하게 잡았다고 하기는 어려울 것 같습니다. 현재 스튜디오드래곤을 이끌고 있는 최진희 대표님이 당시에 온미디어 콘텐츠 구매팀장이었고, 감사하게도 제가 이 분야에 발을 들이도록 처음 뽑아주신 덕분에 지금까지 일해오고 있습니다.

2000년대 초반이라면 온미디어가 국내 최고 바이어로, 한 해 구매액이 1천억 원 정도 됐던 것으로 기억합니다. 다른 업체들과 비교할 수 없는 수준이었죠.

그럴 겁니다. 온미디어에 제가 입사할 당시엔 아직 그 정도는 아니었습니다. OCN과 캐치온, 온게임넷(OGN), 투니버스 등이 있었고, 수퍼액션과 온스타일 등은 2003년 이후에 개국했습니다. 그 뒤에도 스토리온을 비롯한 다양한 채널이 새롭게 만들어지면서 굉장히 빠른 속도로 사업이 진행되었습니다.

거래는 섬세하게, 해결책은 전망적으로

MIP에는 언제부터 나가셨습니까? 처음에 구매하러 다닐 때 일은 어떻게 배우셨나요?

2001년부터 MIP에 나갔고요, 선배님들을 따라다니면서 일을 배웠습니다. 니즈가 생길 때마다 신속하게 붙어 거래해야 했죠. 주로 큰 건들은 최진희 대표님이 구매팀장으로서 진행하시고 저는 작은 건들, 로컬 콘텐츠들을 맡아 차근차근 진행해갔습니다.

메이저 스튜디오들과의 거래 기회는 지상파방송 3사 이외에는 대단히 드물었을 텐데 어떻게 일을 익히셨습니까?

모두 저희 선배님들한테 배웠습니다. 메이저 스튜디오들과의 거래는 담당이 따로 있었는데 나중에 제가 같이하게 되었습니다. 온미디어의 거래는 지상파방송사의 거래와 조금 다릅니다. 여기는 페이 딜Pay deal과 베이직 딜Basic deal을 함께 해야 하고, 관련된 윈도Window가 더 많아 홀드백hold back 등에서 더 세심한 고려가 필요합니다.

그러면 온미디어는 그때부터 프로토콜을 만들었다고 봐야겠군요.

네, 그것이 나중에 판매까지도 이어져 적용됩니다. 스튜디오 거래라는 것은 굉장히 자세하게 봐야 할 것들이 많거든요. 윈도도 다양하고 홀드백 조항도 복잡한데 궁극적으로 롱테일long tail을 통해 매출을 성장시키는 것입니다. 저희가 지상파방송사에 비해 유리한 점이 있었다면 예전부터, 이런 윈도나 홀드백 조항들이 포함된 해외 구매의 노하우와 경험을 꾸준히 쌓아왔다는 점일 거예요. 저희가 가진 사례들을 반영하고 적용해서 훨씬 디테일하고 체계적인 거래를 할 수 있었던 것 같습니다.

사실 이런 거래는 저작권 전문가나 변호사 말고는 경험해본 이들이 많지 않았죠. 60쪽에서 100쪽에 이르는 온갖 계약서 조항들을 일일이 체크하면서 세계 최고 클래스와 거래하는 게 쉽지 않았을 텐데요.

물론 처음부터 쉽진 않았지만, 선배님들한테 배우면서 일했습니다. 최 대표님이 많이 이끌어주셨고요. 말씀하신 것처럼, 세계 최고 클래스의 스튜디오들과 협의하는 과정에서 어려움도 많았지만, 실수하거나 놓친 부분을 통해 경험을 쌓고 그런 과정들이 축적되면서 회사 내 구매팀의 실력을 키우게 되었습니다. 지금 저희 사업국 안에서 구매하는 직원들 중에는 저보다 훨씬 세심하게 살피고 처리할 능력을 가진 사람들이 많습니다.

구매는 언제까지 하셨습니까? 가장 힘들었던 기억, 보람 있던 기억이 있었다면?

구매는 지금도 담당하고 있습니다. 저희 사업국 안에 콘텐츠 구매와 콘텐츠 판매가 함께 있거든요. 물론 예전처럼 실무를 보지는 않고 저보다 더 꼼꼼하게 실수 없이 잘하는 직원들이 실무를 보고 있습니다. 가장 힘들었던 때라면 온미디어와 CJ미디어가 한창 경쟁했던 시절이었던 것 같습니다. CJ엔터테인먼트가 워낙 강력했으니 CJ미디어가 생길 때 많이 밀어줬거든요. 저희가 어떻게 콘텐츠를 확보하느냐가 이슈였습니다. 처음에는 콘텐츠에 투자도 하고, 나중에 펀드도 하면서 다양한 시도를 해봤습니다. 지금은 많이 나아졌겠지만, 2000년대 중반만 해도 한국영화 제작업계와 수입업계 모두 안정성이 높지 않았습니다. 투자하거나 구매한 업체 중에도 상황이 악화되는 경우들이 있었고요. 그럼에도 이런 과정들을 통해 제작자들, 배급자들과 교류가 많아져 한국 영화산업이 어떻게 돌아가는지 간접적으로나마 경험할 수 있게 되었기 때문에, 힘들지만 보람 있었고, 결과적으로 대단히 중요한 자산을 얻게 됐다고 생각합니다. 대본을 포함한 콘텐츠들을 사전에 읽어보고 정보를 체크하는 일도 제가 책 읽는 것을 워낙 좋아하기에 재미있었고요. 대본을 많이 읽다 보니 각각의 콘텐츠에 대한 정보에도 더 빠르게 접근할 수 있었습니다. 그런 일들이 기억에 가장 많이 남네요.

한창 경쟁했던 시절에 공부를 정말 많이 하셨겠네요. 책을 읽으면 콘텐츠가 그림으로 그려지시나요?

아뇨, 저는 영상보다 문자에 좀 더 천착하는 것 같습니다. 그러니까 이 스토리가 개연성이 어느 정도이고 어떤 장점을 지니는지 그런 것들은 잘 들어오는 편인데, 아쉽게도 그 스토리가 영상으로 그려지진 않더군요.

구매하시는 분들이 안목이 좋아야 콘텐츠에 대한 선구안도 갖게 된다는 점에서 구매자의 취향이 콘텐츠 사업에서 중요하지 않습니까?

물론 취향도 중요하겠지만 제일 중요한 것은 무엇이 지금 필요하고 그것에 맞는 해결책과 방안이 어디에 있는지 파악하는 것이라고 봅니다. 구매라는 것이 워낙에 구매자 혼자서 결정하는 것이 아니고 편성 담당을 포함한 다른 이들과 협의하는 과정이거든요. 다시 말해 좋은 구매자라면 자기 안목과 취향을 고집하지 않고, 지금 필요한 것이 무엇인지 염두에 두고 합의를 이뤄나갈 줄 알아야 한다고 생각합니다.

그럼 자신의 장점이 한 작품 한 작품을 고르는 안목보다는 전체적인 전략을 세우는 데 있다고 보시나요?

전략이라기보다 전체를 조망하고서, 어떤 작품들의 포트폴리오를 만들어야겠다, 혹은 어떤 작품들을 제작할 수 있는 구조를 짜야겠다, 이런 것들을 구상하고 방안을 찾는 일이 제가 잘할 수 있는 일인 것 같습니다. 잠시 과거로 돌아가보면, 케이블방송에서 오리지널 콘텐츠를 한창 만들어내기 전에 온미디어에서도 어떤 콘텐츠를 어떤 방식으로 제작할 수 있을지 많이 궁리했습니다. 당시 프로듀서라는 개념이 예능에는 있었지만 드라마에는 아직 없었고 서서히 형성되어가던 상황이었죠. 그 와중에 2005년도에 OCN에서 처음으로 봉만대 감독의 6부작 〈동상이몽〉이라는 작품을 내놨습니다. 꽤 인기를 끌었고 지금도 회자되는 작품이죠. 이 작품과 이후 다른 작품들에도 제가 조금씩 관여하면서 느낀 것은, 한 작품이 전체적으로 좋은지 나쁜지는 제가 알 수 있더라도 이 장면을 이렇게 바꾸고 저렇게 바꾸고 하는 일은 제가 할 일이 아닌 것 같더라고요. 전체를 조망하고 구조를 짜는 일, 그것이 작품 하나하나의 디테일을 보는 것보다 저한테 훨씬 잘 맞습니다.

마케팅이 지원돼야 세계인의 문화를 만든다

그런 식으로 작품에 관여하신 경험이 나중에 판매하실 때 어떤 면에서 도움이 되었습니까?

판매하는 사람이 작품이나 전반적인 포트폴리오에 대한 콘셉트를 스스로 갖고 있지 않으면 작품의 제작에 관여하든 거래에 관여하든 좋은 성과를 만들어내기 어렵다고 생각합니다. 한 건 한 건 판매로 끝나지 않고, 전반적으로 상황을 파악하고 작품이 만들어지는 과정을 더 깊이 있게 이해하고, 미리 대본을 확보해서 이 작품이 어떤 식으로 제작되겠구나, 포트폴리오를 어떻게 구성하겠구나, 하는 것까지 먼저 인식하고 장점을 발견해 피칭할 수 있도록 준비해야죠. 그런 점에 있어 프로듀싱 과정에 조금이나마 관여한 것이 나중에 제가 세일즈할 때에 크나큰 도움이 됐습니다. 서로 다른 개성을 가진 작품들을 묶어 전체로 라인업하는 것이 판매자의 일이니까요.

CJ와 온미디어가 합병된 직후 콘텐츠의 판매 상황은 어떠했습니까?

CJ와 합병된 2010, 2011년만 해도 콘텐츠가 많지 않았습니다. 저희 콘텐츠가 많아지고 강력해지기 시작한 건 2013년 이후라고 할 수 있어요. 2010년 초반까지, 온스타일이 한창 인기 있을 때만 해도 해외 포맷프로그램을 많이 구매해서 제작했습니다. 최진희 대표님이나 프로듀서들이 드라마 제작 업무에 들어가고 작가군을 비롯해 모든 것들이 새롭게 세팅되면서 지금처럼 콘텐츠들의 포트폴리오가 형성되기 시작한 거죠. 그 이전, 합병 초반만 해도 저희 콘텐츠는 판매하기 어려웠습니다. 마켓에 나가도 지상파방송사들에 비해 기회가 굉장히 적었고 콘텐츠 수량도 적었습니다. 저는 2010년경 온미디어의 콘텐츠 판매를 맡아보다가 합병되고 얼마 안 있어 잠시 손을 놓았습니다. 한 2년 동안 안 하다가 2013년부터 다시 판매를 시작했는데, 그때만 해도 거래 가격은 지상파에 비할 바가 못 됐습니다.

그럼 2013년도 이후의 세일즈는 그전에 하셨던 것과 많이 달랐겠네요.

그렇습니다. 판매에서 제가 중점을 뒀던 것은, 어느 한 국가의 한 사람에게 모든 권리를 판매하지 않고, 권리들을 세분해서 각각의 권리를 가장 적절한 가격으로 나눠 판매하는 것이었습니다. 아까 말씀드린 대로 다양한 윈도와 홀드백을 적용하는 것이죠.

굉장히 손이 많이 가는 일이었겠는데요. 직원들이 업무를 따라가는 데 어려움은 없었습니까?

막상 처음엔 복잡하게 느끼더라도 직원들의 습득 속도가 빨라 일취월장하더라고요. 직원들의 전체적인 분위기가 목표지향적이고 성취도가 높아, 업무에 대한 정당한 대우를 요구할지언정 업무가 많다고 불평하는 일은 없었던 것 같아요.

직원들을 이끌어가는 데 노하우가 있으시군요. 뛰어난 전략가이신 것 같은데요?

저는 전략가라기보다 운영하는 사람이라고 스스로 생각합니다. 제가 늘 제일로 삼는 모토는 저보다 뛰어난 사람들이 저와 함께 일하면서 자기 역량을 잘 발현할 수 있도록 분위기를 조성하는 거예요. 다들 일을 잘하고 싶어 하고 열심히 하려 하기 때문에 운영에 어려움은 없습니다. 성취동기가 높은 사람들이라 일이 없으면 오히려 힘들어할 것 같습니다.

직원들이 성취도를 높이는 데 있어 상사의 지원이 무엇보다 중요한데 좋은 상사가 분명하시네요. 콘텐츠들의 양과 질이 지금과 같기 전에는 주로 어디에 판매하셨나요?

일본의 배급사 같은 곳에 간신히 판매하는 정도였습니다. 그 당시엔 저희가 김은숙 작가나 박지은 작가 같은 톱클래스 작가들의 작품을 만들 수 있는 환경이 되리라곤 꿈도 꾸지 못했죠.

CJ가 슬로건을 '아시아 넘버원 스튜디오'에서 '세계인의 문화를 만든다'로 바꾸지 않았습니까?

CJ의 가장 중요한 장점은 꿈이 크다는 점인 것 같습니다.

물론 간혹 구성원들을 버겁게 할 수도 있겠지만 일단 CJ의 경영진부터, 더 큰 회사가 되어야 한다, 더 잘하는 회사가 되어야 한다, 더 글로벌해져야 한다는 가치를 분명히 내세우면서 계속 푸시하는 경향이 있습니다. 슬로건을 바꿨다고 해서 이미 아시아 넘버원 스튜디오라는 목표를 이뤘다고 간주하기보다는 목표를 더 멀리 놓는 것이라고 보는 게 낫겠습니다.

슬로건이 변경되면서 기존의 팀 규모도 확대된 건가요?

그렇죠. 제가 처음에 팀을 다시 맡았을 때 8명이 있었는데 지금은 20명이 넘습니다. 구매·판매·마케팅 모두 포함해서요. 저는, 다른 나라와 비교했을 때 한국의 콘텐츠 판매에서 가장 결정적으로 부족한 조건 중 하나가 마케팅에 대한 지원이라고 생각합니다. 아시아에서 최고 수준 가격으로 판매했다 해도 이후 마케팅과 홍보에 필요한 자료들을 계속 지원해주어야 작품의 가치가 올라가게 마련입니다. 그런데 스타들은 인터뷰조차 기피하는 경우가 많죠. 마케팅에 대한 지원이 없으면 아무리 좋은 작품이라 해도 잠깐 반짝였다 사라지는 현상이 될 뿐이지, 그 명성과 가치가 길게 이어질 수 없습니다. 외국의 경우엔 마케팅을 위해 굉장히 다양한 방법들이 동원되고 있죠.

국내에서 마케팅을 잘 지원하지 않는 이유는 제작비에 포함되지 않아 그런 건가요? 아니면 유통비가 너무 적어 그런가요?

제가 보기엔 제작 쪽에서도 유통 쪽에서도 마케팅의 중요성을 아직 잘 인식하지 못하는 것 같습니다. 적어도 저희 콘텐츠가 꾸준하게 배급되고 있는 곳에는 그들이 필요로 하는 마케팅 지원이 이루어져야 하지 않겠습니까. 마케팅에는 아주 다양한 것들이 포함될 수 있습니다. 이를테면 스타들이 직접 가서 홍보와 연계할 기반이 되어줄 수도 있고, 인터뷰나 취재를 적극적으로 지원해줄 수도 있고, 마켓 같은 공간에서 작품이 잘 포장되도록 뭔가를 준비해줄 수도 있고, 괜찮은 해외 기사로 연결될 계기를 만들어줄 수도 있고, 이 모든 것들이 마케팅이 될 수 있습니다.

거의 할리우드 스튜디오 수준의 마케팅이네요.

그렇게 돼야죠. 왜냐면 그만큼 받고 있으니까요. 받는 만큼 가치를 주는 것이 맞다고 봅니다. 굳이 할리우드 시스템이라고 이름 붙이지 않아도 됩니다. 실제로 일하다 보면 그러한 마케팅이 필요하다는 것을 너무도 분명하게 피부로 느낄 수 있습니다. 더군다나 해외 마켓이 국내 마켓과 비등한 규모라면 당연히 신경써야 할 거고요. 제작과 유통 분야 모두 다들 바쁘게 돌아가다 보니, 일단 판매되면 그만이라고 여기는 게 아닐까 싶네요. 마케팅 지원은 당장 급한 게 아니라고 뒤로 밀리게 되는 것 같습니다.

MIPCOM에서도 이제 배급은 단순히 사고파는 것이 아니라 펀딩을 포함한 다른 것들을 모두 포함한다고 발표한 바 있습니다.

네, 이해할 수 있습니다. 해외 쪽의 니즈에 맞춘 콘텐츠를 선호한다는 건데 사실 저희가 해외시장을 염두에 둔 콘텐츠를 많이 만들고 있는 상황은 아니에요. 다만 저희는 제작 쪽에 피드백을 줄 수 있습니다. 예를 들어 해외에서 로맨틱코미디에 대한 반응이 어떻다, 이런 캐릭터들이 등장한다, 여자 인물보다 남자 인물이 중요하다 정도의 피드백과 예상 시뮬레이션 같은 것을 말이죠. 그런 피드백들을 제작 쪽에 넘기면 예전보다는 훨씬 많이 받아들이고 반영하려고 노력합니다. 드래곤의 경우엔 해외 판매의 중요성을 잘 알기 때문에 많이 적용하려 하죠.

예전보다 유통의 영역이 훨씬 커졌을 텐데 처음 시작했을 때보다 얼마나 성장했나요?

매출로 따지자면 열 배가 넘게 성장했습니다. 지상파방송사는 이미 오랜 역사를 지녔으니 꾸준한 기복이 있어왔지만 저희는 계속해서 성장해온 회사죠. 근래 저희가 느끼는 한계는 현재 리스트인 한국 콘텐츠만, 현재 저희가 유통하는 지역만 가지고는 더 이상 성장을 꾀하기 힘들다는 겁니다. 서남아시아 시장 이상을 어떻게 뚫느냐가 관건이에요. 미얀마를 넘어가 서남아시아로 들어가면 거기서부터는 아주 다른 세계입니다.

한국 콘텐츠가 넘을 수 없는 벽인가요?

넘을 수 없는 것은 아니고요, 조금씩 인기를 얻고는 있습니다만 지금까지와 다른 노력이 꾸준히 이어질 필요가 있습니다. 포맷 시장을 공략할 수도 있고, 현지화를 다른 방식으로 시도해볼 수도 있고, 아니면 우리 콘텐츠가 아닌 다른 콘텐츠를 가지고 시도해볼 수도 있고요.

그런 의미에서 스웨덴의 방송저작권 배급사인 에코라이츠Eccho Rights의 경영권을 인수하신 건 탁월한 선택이라고 봅니다.

직접 부딪쳐봐야 알겠지만, 일단 지금 입장에서는 에코라이츠가 시작이 되지 않을까 싶습니다. 이와 비슷하면서도 다양한 시도들이 계속 이어져야 할 것 같습니다.

배급의 개념을 확장하면 미래가 보인다

해외 출장은 일 년에 몇 번 정도 나가십니까? 최근에 특별히 인상적이었던 출장이 있으신지?

일 년에 열 번 정도, 거의 한 달에 한 번쯤 가는 것 같은데, 다행히 집에서는 잘 이해해줍니다. 최근에 인도의 피키프레임FICCI FRAME이라는 마켓에 갔었는데 마켓 자체가 인상적이었던 게 아니라, 거기에서 만난 인도의 프로듀서들이 와서 저희 포맷에 대해 묻는 것에 조금 놀랐습니다. 예전에도 뚫어보려고 했지만 한국 콘텐츠로 잘되지 않았던 곳이 인도였거든요. 그 프로듀서들이 〈비밀의 숲〉, 〈시그널〉 등에 대해 묻는데 넷플릭스를 통해 콘텐츠를 접했다고 하더라고요. 그래서 글로벌 OTT 플랫폼의 저력을 새삼 확인했죠. 그 출장 이후에 한국 콘텐츠를 인도 쪽에 확산시킬 수 있는 방법에 대해 재고하는 계기를 가졌고요, 넷플릭스를 잘 이용해야겠다는 생각도 들었습니다. 분명히 가능성이 있고 또 중요한 시장입니다.

인도와 중동은 최근에 마켓에 아주 많이 나오는 나라들입니다. 뭔가 만들어서 판매하겠다는 게 아니라 많이 사겠다는 계획이더라고요. 엄청나게 투자하고 있는데 그쪽 시장 상황이 어떤지는 모르겠습니다.

인도는 분명히 시장이 있고요. 중동은 원래 터키권 방송사가 독점하다시피 했는데 최근에 터키권이 정치적인 이슈로 상황이 어려워진 바람에 한국 콘텐츠를 대안으로 찾고 있습니다. 이 기회를 이용해서 잘 확산되도록 해야 하지 않을까 합니다. 물론 문화가 달라 거래가 쉽지 않으니 길을 잘 잡아야죠. 인지도가 생기고 점유율이 올라가 사람들이 찾는 콘텐츠가 되려면 우선 확산이 필요합니다. 낮은 가격에라도 판매하여 프로그램들이 노출되도록 만들어야 한다는 겁니다. 나중에 그 시기가 지나 인기가 생기게 되면 그다음에는 가치에 맞는 가격에 수출할 수 있게 되는 거고요. 중동과 인도 모두 지금은 확산이 필요한 지역이니 가격보다는 다양하게 노출될 수 있는 방법을 찾아야 합니다.

그렇게 전략적인 사고와 방책은 20년 가까이 이 업계에서 종사하며 쌓인 경험에서 나오는 건가요? 아니면 끊임없이 별도로 스터디를 하시는 건가요?

나라별 매출을 가리키는 숫자들을 보면 지금 우리 시장이 어디에 있고, 여기에서 더 넘어가야 할 시장은 어디에 있고, 가능성은 어디에 있고, 인구가 많은 곳은 어디인지 알 수 있습니다. 말하자면 이 지역의 연간 매출을 보고서 이게 지금 피크인지, 앞으로 더 올라갈 수 있는지, 올라가려면 뭐가 필요한지, 더 내려가지 않으려면 또 뭐가 필요한지, 이런 것이 분석이 아닐까 싶습니다. 만일 분명히 시장이 있고 다른 스튜디오들, 다른 이들은 높은 매출을 올리고 있는데 우리가 그러지 못하는 곳이 있다면, 그곳에 가는 것이 과제인 거죠. 인도나 중동처럼, 특히 인도처럼 말입니다.

이 분야에서 일하시면서 역할모델이나 기억에 남는 분들이 있으신가요?

최진희 대표님이 오랫동안 함께 일하면서 여러 가지 면에서 멘토가 되어주셨습니다. 마켓에서 기억에 남는 사람들은 너무 많았고요. 예를 들면, 바이어를 대하는 태도와 세일즈맨을 대하는 태도가 아주 다른 사람, 정말 적극적인 사람, 굉장히 딜을 잘하는 사람, 되게 똑똑한 사람, 정말 다양한 사람들을 만났습니다.

최근에 가장 힘들었던 거래는 무엇이었습니까?

지금은 넷플릭스 딜이 힘들어요. 가장 중요하고 필수적인 딜인데, 넷플릭스가 지닌 파워 때문에 딜을 하는 것이 과연 맞는가에 대한 내부적인 합의도 쉽지 않고요. 저조차도 가끔 혼란스럽더라고요, 어느 정도까지 딜하는 게 최선인지 말이죠. 아까 말했듯이 매출을 위해서도, 해외 인지도나 확장을 위해서도 반드시 필요한 매체인데, 그와 동시에 한국 시장에서 굉장히 강력한 경쟁자이기도 하니 자칫 다른 매체들이 성장하지 못하게 될 수도 있고요. 로컬과 글로벌 OTT 플랫폼 사이에서 어떻게 균형을 잡고 적절한 전략으로 대응할 것인지가 저를 포함한 유통업계 종사자들의 화두라고 생각합니다.

유통의 미래에 대해선 어찌 생각하십니까? 글로벌 콘텐츠 배급을 하는 분들 중에 앞으로 이 일이 몇 년 안 남았다고 얘기하는 분들이 계시거든요. CJ에도 이 얘기가 적용될까요?

콘텐츠의 범위를 너무 좁게 한정시키면 분명히 미래에는 한계가 있을 겁니다. 한국 콘텐츠만 배급해야 하는가, 그렇다면 한국 콘텐츠는 과연 무엇을 말하는가, 이런 것도 다시 질문해야 한다는 거죠. 이를테면 한국에 있는 회사가 한국인의 아이디어를 가지고 태국의 콘텐츠나 터키의 콘텐츠를 만들면 그건 한국 것이냐, 꼭 메이드 바이 코리안이어야만 하는가, 아니면 아이디어만 가도 되는가, 그런 질문들이 나올 수 있죠. 적절한 방식으로 수익이 들어오는 구조만 만들면 괜찮지 않겠습니까? 그런 구조를 만들기 위해 무엇이 필요한지도 고민해야 하고요. 배급이라는 것을 사고파는 것이라고만 간주하면, 앞으로는 글로벌 플랫폼이 점점 강력해질 것이기에 배급의 역할이 줄어들 수밖에 없을 거예요. 더군다나 이같이 급격한 글로벌화 가운데에서 콘텐츠 공급자로서의 역량을 계속 성장시키려 한다면, 전통적인 배급방식을 넘어선 확장적 개념의 배급을 규정하고 그 역할을 계속 찾아나가야 한다고 생각합니다.

사고파는 것을 넘어서는 또 다른 배급의 영역에 대해선 어떻게 생각하십니까?

저는 배급이라는 것이, 필요한 콘텐츠만 딱 건네고 끝내는 게 아니라고 봅니다. 콘텐츠와 더불어 그 콘텐츠가 잘 포장되어 나가도록 가치를 높여주는 것도 배급 안에 포함되어야 하고, 다양한 구매자가 콘텐츠를 가지고 활용할 수 있는 방법을 찾는 것도 배급에 들어가야 한다고 봅니다.

그러면 이 부분은 광고와 겹쳐지지 않습니까?

궁극적으로 겹치는 부분이 발생할 수 있겠지만, 접근하는 방식에 있어 광고와 약간 다르다고 생각합니다. 배급의 역할은 저희가 배급한 콘텐츠의 시청률을 높이기 위해서 여러 가지 마케팅 자료들을 제공해줄 뿐만 아니라, 다른 곳에 판매될 경우 윈도가 어떻게 되어야 하는지, 가격이 적정한지 등 모든 것들을 종합적으로 판단해주는 것을 포함하는 것이니까요.

MIP에서 ITV는 여기에 반드시 제작 투자가 들어갈 거라고 얘기하더라고요.

제 생각에 ITV가 그렇게 얘기하는 것은 콘텐츠 개념의 확장을 말하는 것 같습니다. 즉 ITV의 콘텐츠만 가지고 배급하기엔 세계가 너무 넓고, 예전처럼 하나의 콘텐츠를 만들어 공급하기에는 로컬 콘텐츠의 파워가 갈수록 강해지고 있습니다. 그래서 로컬 콘텐츠에 관여하는 일을 할 수밖에 없죠. 그렇다면 제작 투자, 혹은 제작사를 인수하거나 제작 시스템을 만들어내거나 현지화된 무언가를 만들어내는 것이 필요할 거예요.

기존에 나뉘어 있던 제작과 배급 사이의 경계들이 사라지고 있는 건 사실이군요.

네, 이 시점을 잘 넘어가지 않으면 안 됩니다. 미래의 비전을 얘기하기 위해선, 공급하는 콘텐츠의 정의의 확장, 공급되는 지역의 확장, 그다음에 무엇을 공급하는가에 대한 확장까지 다 이루어져야 합니다. 그리고 이것은 제작자와 배급자의 문제일 뿐만 아니라 배우들, 스타들에게도 해당됩니다. 자신들의 미래를 길게 보고, 활동 영역을 넓게 잡기 위해선 배우들도 투자해야 할 겁니다.

자신의 성격을 어떻게 표현하시겠어요? 제가 보기엔 지휘를 잘하는 분 같습니다.

글쎄요, 잘하는 사람이고 싶긴 한데 솔직히 매일매일 치여 지내고 있습니다. 저는 저보다 뛰어난 사람들이 저와 기꺼이 함께 일하면서 그들의 역량을 충분히 발휘할 수 있는 환경을 만들 수 있으면 좋겠습니다. 그것이 제가 할 수 있는 일인 것 같습니다. 그를 위해 노력할 자세는 되어 있습니다. 사실 제가 세일즈에 종사한 시기는 다른 선배님들에 비해 엄청나게 짧아요. 지금 CJ ENM이 힘을 얻고 있는 가장 중요한 이유는 무엇보다 콘텐츠의 파워가 강해졌기 때문이란 사실도 잊어선 안 될 것 같고요.

지금의 젊은 후배들에게 해주실 말이 있다면요?

콘텐츠 업계에 큰 변화들이 일어나는 주기가 갈수록 짧아지고 있습니다. 계속해서 새로운 환경과 트렌드에 적응해야 하는 어려움이 있는지라, 과거에 얽매여 있는 선배들이 후배들에 뒤처질 가능성도 많습니다. 예전부터 해온 방식이 여전히 타당한지 질문을 던지고 새로운 시대에 더 적합한 방법을 꾸준히 찾아 업계와 선배들에게 많은 자극을 주면 좋겠습니다. 지금 한국 콘텐츠 업계는 그동안 수많은 이들이 쌓아온 성과 덕분에 북미와 유럽 지역까지 영향력을 넓힐 수 있는 호기를 맞고 있습니다. 과거의 선배들보다 글로벌 역량이 훨씬 뛰어난 젊은 후배들이 주인공이 되어 한국 콘텐츠 업계를 이끌어주기를 기대합니다.

"미래의 비전을 얘기하기 위해선, 공급하는 콘텐츠의 정의의 확장, 공급되는 지역의 확장, 그다음에 무엇을 공급하는가에 대한 확장까지 다 이루어져야 합니다. 이것은 제작자와 배급자의 문제일 뿐만 아니라 배우들, 스타들에게도 해당됩니다. 자신들의 미래를 길게 보고, 활동 영역을 넓게 잡기 위해선 배우들도 투자해야 할 겁니다."

2019 MIPTV

상식이 운이 되는 수출의 역군

KBS미디어 경영센터장 박인수

1964년생. 중앙대학교 영어영문학과 졸업. 서울미디어대학원 미디어경영 석사. 1989년 한국방송사업단(현 KBS미디어) 입사. 2005년부터 수출사업팀 팀장. 2012년부터 글로벌사업부 부장. 2014년 방송콘텐츠 수출협의회 회장. 2019년부터 KBS미디어 경영센터장을 맡고 있음. 대한민국 콘텐츠 어워드 해외 수출 유공 국무총리 표창, 문화관광부 장관 표창.

ⓒ 유동영

"어떤 일이든 보이는 곳, 보이지 않는 곳에서 일한 사람들의 성과가 한데 모여 이루어지는 겁니다."

대학 때 무엇을 전공하셨나요? 어떻게 방송사에서 일을 시작하시게 됐습니까?

영어영문학과를 졸업했습니다. 우리 때는 영문 모르고 들어가는 데가 영문학과라고, 그리고 군대는 카투사 가서 수학과 나왔다고 거짓말하고, 왜냐면 미군들보다 영어는 못하지만 수학은 더 잘했으니까요. 아주 어렸을 때는 펠레를 동경해서 축구선수를 꿈꾼 적도 있었지만, 훗날 장래희망은 평범한 회사원으로 사는 것이었습니다. 1989년 코스모스 졸업 직전인 7월 10일에 한국방송사업단에 입사했습니다. 한국방송사업단이면 한국방송공사(KBS)에서 사업하는 곳인가 보다, 누구나 선망하는 안정적이고 좋은 직장이겠다 하고 입사시험을 치렀죠.

평소에 방송이나 영화에 관심이 있으셨습니까?

만화영화를 좋아했습니다. 어렸을 때 〈우주소년 아톰〉 같은 일본 애니메이션을 보면서 자랐고 대학교에 들어가서도 만화가게에서 〈공포의 외인구단〉 같은 이현세 만화를 즐겨 봤어요. KBS에서도 1987년에 〈떠돌이 까치〉라는 만화영화를 만들지 않았습니까. 일본이 애니메이션을 만들어 수출하는 것을 보면서 KBS에서도 25분짜리 시리즈 애니메이션을 처음 만든 것이지요. 이를 계기로 1987년 한국방송사업단의 프로그램 판매부 안에 수출 조직이 만들어졌습니다.

그럼 한국방송사업단은 언제 만들어진 건가요? 처음부터 KBS와 별도 법인이었습니까?

1981년에 만들어졌습니다. KBS가 방송 이외 사업을 못하게 되어 있어 프로그램 판매, 출판, 광고 제작, 문화행사사업 등 방송 연관 부가사업을 하기 위해 별도로 한국방송사업단을 만든 거예요. 한국방송사업단은 1990년에 KBS사업단으로, 1991년에 KBS문화사업단으로 이름을 변경했고, 그해 9월에 KBS문화사업단의 프로그램 판매부와 KBS에서 영화를 수입하고 더빙하는 영화부가 합쳐져 KBS영상사업단이 만들어졌는데 이것이 1999년에 KBS문화사업단과 합병한 뒤, 2000년에 KBS미디어로 이름을 바꿔 오늘날까지 이어지고 있죠. 2011년에는 KBS인터넷과 합병해 온·오프라인 콘텐츠 유통전문회사로 확장되었습니다.

입사하시자마자 〈떠돌이 까치〉를 만나 반가우셨겠습니다.

그렇죠. 만화를 좋아했는데 마침 애니메이션을 판매한다니 잘 들어왔다 싶었죠. 입사했을 때 〈떠돌이 까치〉를 MIPTV에서 수출 가계약했다는 소식을 들었습니다. 또 애니메이션 제작사 세영동화와 합작해 〈2020년 우주의 원더키디〉를 만들고 있었는데 1990년에 수출되었습니다.

처음부터 해외사업팀으로 입사하신 겁니까? 상사는 어떤 분들이셨나요?

네, 프로그램 판매부 안에서 수출 담당으로 업무를 시작했습니다. 당시 김성렬 차장님이 수출업무를 총괄하셨고 저는 처음에 강봉관, 최영수 선배님한테서 수출업무를 배웠습니다. 입사 이듬해인 1990년 4월부터 MIPTV 출장을 나가게 됐는데, 해마다 MIPTV와 MIPCOM에 주로 김성렬 차장님과 함께 다니면서 신규사업 개발, 사업 확장, 바이어와 협상하는 방법을 익혔습니다. 1991년 KBS미디어가 설립될 즈음에 합류한 이상우 선배님은 처음엔 프로그램 수입을 담당하다가 나중에 수출까지 관리하셨는데 꼼꼼함과 강한 카리스마로 방송사 유통 분야에서 큰형님으로 통했죠. 29년간 함께 일하다 얼마 전 안식 휴가를 떠나셔서 지금도 제 마음이 허전합니다.

그럼 1990년 4월이 첫 해외 출장이었군요.

그렇죠. 해외 출장 전에 반공교육을 받던 시절이었어요. 2020 원더키디 색에 007가방에, 짐 잃어버릴까 봐 돈도 여러 곳에 나눠 보관했지요. 열세 시간 비행기 타고 파리에 도착하니 시차적응도 안 되고 정신없더라고요. KBS 일행이 열 명쯤이었는데 여럿이 짐까지 섞여 이동하다 제 007가방이 없어진 걸 알았어요. 경찰에 신고하고 헤매다녔지만 결국 못 찾았습니다. 그 가방 안에 돈은 없었으니 큰 피해는 없었지만 첫 출장이 얼떨떨하게 시작된 겁니다. 김성렬 차장님이 저더러 여자친구에게 전화하느라 잃어버렸다고 잔소리하셨어요. 그 여자친구가 지금 제 와이프죠.

그러셨군요. 열 명이 함께 다니는 게 쉽지 않으셨겠습니다.

우리가 직접 모든 일정을 짜면서 다녔죠. 칸 일정 전후로 파리에 며칠 묵으면서 현지 제작사, 배급사를 만나 거래하느라 출장 기간이 2주쯤 됐습니다. 당시 칸에 한국음식점이 없어 중국음식점에 갔고요. 숙소는 아브리엘호텔이었는데 경비 아끼느라 한방 쓴 차장님 코골이로 잠도 못 자고, 새벽엔 같이 산책하자 해서 억지로 일어나고, 밤에는 화주도 마셔야 했어요. 행사장에는 KBS 부스 달랑 하나 있었는데 수입 파트는 좋은 호텔에 식사 초대받고, 우리는 바이어한테 사정사정하며 식사 대접하던 상황이었죠. 초창기 마켓 다닐 때는 많이 외로워 수출 담당자들끼리 서로 위로받곤 했어요. 얼마 팔았냐, 실적 어떠냐, 누가 그런 질문이라도 하면, 거래가 안 많던 시절인지라 꽤 스트레스가 됐거든요.

다른 한국 부스들은 언제 나오기 시작했습니까?

MBC가 1991, 92년부터 나왔을 겁니다. 당시 MBC 최광암 차장이 수출에 대해 문의하기에 MIPTV 등 마켓에 대해 설명해드렸죠. SBS도 곧 참가했고요. 그때는 다들 안 팔리고 같이 힘드니, 우리끼리라도 잘 지내자 하고 밥도 같이 먹고 그랬죠. 콘도로 숙소를 바꾼 이후엔 행사 마지막 날 한국에서 온 사람들끼리 한자리에 모여 파티도 했습니다. 라면에 김치에 베이컨에 이것저것 넣어 김치찌개 끓이고, 한바탕 회식이 끝나면 그릇이 산더미라 욕조 안에 쌓아두고 이상우 선배와 한두 시간 동안 같이 설거지했는데, 이제 다 추억이죠. 맨 처음에 MIPTV에 가게 된 경위에 대해 들은 적이 있습니까?

처음에 문화공보부에서 가라고 했다는 얘기를 BCM 회의에서 들은 바 있습니다만.

실인즉 1976년 MIPTV에서 북한이 부스를 차리고 〈꽃 파는 처녀〉를 상영해 인기가 좋았다는 거예요. 그래서 정부 지시로 1977년에 KBS, MBC, TBC가 참가했고 KBS 부스가 설치됐다고 합니다. 흑백 TV 시절인 데다 KBS 프로그램도 포스터도 없어, 국립영화제작소에서 준비한 한국 영화 홍보물로 나간 게 첫 번째였다는데, 그때 나간 장한성 차장님이 나중에 KBS미디어 초대 사장님이 되셨죠.

그럼 MIPTV뿐만 아니라 한국 프로그램 해외 판매 시도 자체가 KBS로부터 시작된 거네요.

네, KBS에서 〈떠돌이 까치〉 이후 애니메이션을 계속 제작해서 〈아기공룡 둘리〉, 〈옛날 옛적에〉, 〈달려라 하니〉, 〈영심이〉, 〈날아라 슈퍼보드〉까지 쭉 나온 겁니다. 이 작품들은 처음부터 해외에 판매하기 위해서 만들어졌고, 1987년부터 방송사업단이 애니메이션 수출을 위해 KBS와 함께 부스에 참석하면서 사실상 수출이 시작된 거죠.

그 작품들의 프로듀싱을 맡았던 민영문 PD님이 살아 계셨더라면 좋았을 텐데 말이죠. 한국 콘텐츠의 최초 수출은 한국 애니메이션 판매로부터 시작된 것이군요.

그렇습니다. 민영문 PD님이 한국 애니메이션 제작과 수출의 기틀을 만드는 데 큰 역할을 하셨는데 참 안타깝습니다.

첫 수출, 그리고 실험과 도전

영상물 수출의 기본교육은 어떻게 받으셨어요? 계약서 보는 법, 세일즈 기술, 텔렉스 보내는 법 같은 것?

처음엔 선배님들한테 배우고, 책도 사서 독학으로 문서 작성, 영어 팩스 보내기, 텔렉스도 익혔죠. 그땐 타이피스트가 따로 있어 우리가 종이에 손으로 적은 것을 문서로 만들어줘 결재를 받았습니다. 보고할 때마다, 영어도 문서 작성도 능숙하신 김성렬 차장님에게서 서너 번 퇴짜 맞는 것은 일상이었고요. 그런 탓에 빨리 배우기도 했습니다.

1990년, 처음 판매 계약서에 사인한 작품은 무엇이었습니까?

1990년 NHK에 〈2020년 우주의 원더키디〉를 판매했고, 〈아기공룡 둘리〉의 TV 판권을 이탈리아에 판매했는데 1991년쯤이었던 것 같습니다. 1992년부터는 기록이 남아 있는데 그전 것은 기억을 더듬어야 해요. 특히 〈2020년 우주의 원더키디〉는 프랑스에서 큰 호평을 받았습니다.

초창기에 한국방송사업단의 큰 부분을 애니메이션이 차지하고 있었는데 수입도 마찬가지였습니까? 실제로 애니메이션은 단순히 프로그램 판매로 끝나지 않고 롱테일로 사업이 죽 이어지지 않습니까?

수입도 애니메이션이 많았고요, 캐릭터사업이 지금보다 더 활발했습니다. 신발·책받침·카드 등 다양한 상품들이 많았거든요. 1990년에는 미국 조디악엔터테인먼트와 공동제작으로 〈외계소년 위제트〉라는 작품을 만들어 홍콩, 타이완, 태국 등에도 수출했습니다.

수출업무 보시면서 그런 공동제작 업무도 같이 하셨습니까? 지금도 애니메이션 공동제작이 쉽지 않은데 어떻게 조디악처럼 큰 회사와 소통하셨나요?

〈외계소년 위제트〉는 세영동화와 공동으로 투자했는데요, 당시 국내 애니메이션 회사들이 기획력은 부족해도 그림 실력은 뛰어나 미국·일본 애니메이션 하청을 많이 했습니다. 저희는 국내방송, 캐릭터사업, 아시아판권 확보를 조건으로 투자했습니다. 메이저 방송사·배급사로부터 프로그램도 수입해왔기에 공동사업도 수월하게 진행했죠.

그처럼 선구매 방식으로 공동제작하고 사업권을 확보할 때, 작품 선정 기준은 무엇이었습니까? 이때 일본 애니메이션이 대세였고 애니메이션 제작이 활발했던 때라 작품 선정이 간단치 않았을 것 같은데요.

내용도 중요하지만 파트너사와의 관계도 중요했습니다. 해당 회사의 작품들을 보고 무엇이 좋을지 고르는 식이죠. 〈위제트〉는 환경문제와 관련된 애니메이션이기에 공영방송의 철학으로 걸맞고 아시아판권 확보 등 다른 조건들도 괜찮다고 판단되어 결정했습니다.

그야말로 커미셔닝을 하셨네요. 작품 선정에 애니메이션팀 민영문 PD님도 참여하셨습니까?

그렇죠. 민영문 PD가 KBS에 편성해야 하니까요. 투자에서 가장 중요한 것이 방송 편성이므로 편성이 오케이하지 않으면 투자 못 합니다.

현재 우리나라에서 가장 잘나간다는 포맷과 드라마 프로세스랑 똑같습니다. 1990년대 초반에 이미 진행된 프로세스가 30년 후에 다시 나타난 셈이네요. KBS영상사업단은 단순한 배급 회사가 아니었군요.

네, KBS 애니메이션이 막 시작된 참이라 콘텐츠가 많지 않았기에 직접 〈원더키디〉, 〈위제트〉 같은 공동제작에 적극적으로 뛰어들어 수출뿐 아니라 캐릭터 머천다이징 등 부가사업도 활발히 진행했습니다.

애니메이션 수출은 1990년대 중반까지 하시고, 드라마 수출은 어떻게 시작하셨습니까?

1993년에 홍콩의 워프케이블Wharf Cable이 개국해 한국 드라마들을 구입하기 시작했습니다. 1993년에 〈절반의 실패〉, 1994년에 〈느낌〉, 〈폴리스〉를 홍콩에 수출했죠. 그리고 인기영화들을 많이 제작한 태흥영화사, 황기성 사단을 이상우 선배와 같이 찾아가 수출대행 사업권을 확보해서 〈장군의 아들〉, 〈서편제〉 등도 수출했습니다. 오스트레일리아 SBS TV에는 〈안개기둥〉을 수출하고, 남아프리카공화국엔 다큐멘터리 〈자본주의 100년〉, 러시아에 드라마 〈원효대사〉를 내보내는 등 다양한 시장을 개척하고 다녔죠.

영상물 판매가 본인의 성품과 잘 맞으셨나요?

제가 성격이 무난하고 웃음도 많아 일도 잘 배우고 인기도 좋았어요. 외국 사람들과 계약할 때도 상대편을 많이 배려해주어 큰 어려움이 없었던 것 같아요. 초창기 아시아 국가에 수출할 때는 한국 프로그램에 대한 인지도가 거의 없던지라 저렴한 가격에 다량의 작품을 공급하는 전략으로 시장을 개척했습니다. 그러면 수입한 쪽에서는 프로모션에 충분히 투자할 수 있어 프로그램이 인기를 얻게 되고, 다음 작품 판매할 땐 가격을 조금 인상해주고, 이렇게 장기적으로 서로 도움 되는 계약을 했습니다.

아시아에서는 어느 나라와 많이 거래하셨습니까?

1999년에 타이완과 연간 계약을 체결한 이래 싱가포르, 말레이시아, 인도네시아에도 연간 다수의 프로그램들을 계약했습니다. 홍콩의 워프케이블, 베트남의 JEWOO, 중국 제남TV, 광동TV에도 많이 수출했고요.

1990년대 중반이면 아시아 전역이 한국만 빼고 전부 일본 드라마일 때였죠. 드라마 판매는 애니메이션 판매와 완전히 다른 일이었을 텐데요.

애니메이션이 돈도 시간도 많이 들어가니 사업성이 떨어지는 상황에서 드라마가 활발히 제작된 겁니다. MIPTV, MIPAsia에 참가하다 1994년부터 상하이TV마켓, 사천TV마켓에도 참가했어요. 97년에는 중국 CCTV에서 MBC의 〈사랑이 뭐길래〉가 방송되어 시청률 4.2퍼센트를 기록했는데 영향력으로 치면 42퍼센트쯤 되는 거예요. 일본 드라마가 유행하던 시절에, 이게 한국 드라마냐고 난리 났죠. 98년엔 〈달빛 가족〉을 흑룡강TV에 처음 판매했고요. 타이완 GTV에서는 〈가을동화〉, 〈겨울연가〉의 인기 폭발로 한류의 막이 오르기 시작했습니다.

맞아요. 〈가을동화〉가 〈겨울연가〉보다 먼저 방영됐습니다.

〈가을동화〉가 〈겨울연가〉보다 퀄리티가 낫다는 말도 있죠. 아까 언급했다시피 1990년대 말 〈가을동화〉 방영 당시 아시아 시장이 형성되어 연간 몇백 시간 식의 연간 계약을 맺었습니다. 프로그램 한두 편 갖고 새 시장에 진출하기란 쉽지 않잖아요. 계약사에서도 한두 편 홍보하는 데 크게 투자하긴 어렵고요. 그래서 연간 패키지 계약을 우리가 제안한 겁니다. 그럼 현지에서 한국 배우와 감독을 초청하여 팬미팅, 기자회견도 열 수 있고 시청률도 확 올라가죠. 그렇게 아시아 계약사들의 적극적인 홍보와 〈가을동화〉, 〈겨울연가〉 같은 인기드라마 방영으로 한류가 아시아 지역을 휩쓸게 된 겁니다.

제 기억으로 〈겨울연가〉 전에 베트남에서 한류가 처음 있었던 것 같은데요.

베트남에는 국제교류재단에서 처음에 무료로 한국 드라마를 공급했는데 〈느낌〉 같은 드라마가 인기가 좋아 나중에 돈을 받고 수출하게 된 겁니다. 전쟁으로 한국에 대한 평판이 그다지 좋지 않았던 베트남에서 드라마의 순수한 캐릭터들이 드러나 호응을 얻었던 것 같아요. 김남주가 광고한 한국 화장품도 엄청나게 팔려 일본 화장품보다도 인기가 좋았죠.

1990년대 말에도 영상사업단에서 여전히 구매의 비중이 컸습니까? 다른 방송사에서는 구매 편성을 본사에서 하는데, KBS는 영상사업단에서 구매와 판매를 동시에 진행하도록 세팅된 것이 특이해 보입니다.

구매계약은 우리가 하지만 KBS 편성부와 늘 협의해야죠. 영화 수입도 편성이 오케이해야 우리가 계약할 수 있고요. 초창기엔 구매 파트가 잘나갔습니다. 명절 연휴 뒤에 출근하면 방송사별 외화 시청률 조사 결과를 둘러싸고 수입 담당자들이 분주해지곤 했죠. 구매 비중이 판매의 10배 이상 되던 것이 서서히 변화돼 1996년 수출액이 백만 불을 넘기고, 2002년 〈겨울연가〉를 일본에 수출하면서 상황이 역전된 겁니다. 2003년에는 로열티 수입이 들어와 천만 불 수출시대가 열렸죠.

〈겨울연가〉가 이루어낸 것들

너무 유명해서 누구나 다 아는 것처럼 얘기하는 〈겨울연가〉의 수출 스토리를 자세히 말씀해주시겠습니까?

우선 아시아에서 〈가을동화〉의 인기가 아주 높았어요. 중국 30개 도시, 타이완과 홍콩에서도 시청률 1위였죠. 윤석호 감독의 탁월한 영상과 연출력이 빛을 발했고 OST도 감동을 배가

시켜줬습니다. 그 직후 윤석호 감독이 KBS를 그만두고 팬엔터테인먼트와 계약하고서 첫 작품으로 〈겨울연가〉를 연출한 겁니다. 저희는 윤석호 감독과 잘 알고 지냈으니 새 작품을 믿고 투자한 거고요. 일본에서 〈가을동화〉는 먼저 무비텔레비전이라는 곳에 수출되었습니다. 일본에 한국 드라마가 수출된 적이 거의 없어 사업성에 확신이 없었기에 무비텔레비전이 6개월 우선권을 요청해 시장조사를 한 뒤에 구매했고 결국 성공한 겁니다. 그리고 나중에 〈겨울연가〉가 방송된 뒤에 또다시 방송해서 더 히트한 거죠. 〈겨울연가〉는 NHK 자회사인 마이코(현 NHK엔터프라이즈)의 마루다 토모코가 프로그램 판매자 시절에 타이완에서 워낙 인기가 좋은 것을 관심 갖고 지켜보다가, 수입 파트로 옮기자마자 자기가 구매하겠다고 한 겁니다.

NHK에서 오가와 준코 PD가 자기가 〈겨울연가〉 수입을 결정했다고, 자기 어머니가 너무 좋아해서 결정했다고 얘기하던데요.

아마 NHK도 KBS와 마찬가지로 편성은 본사에서 하고 수입은 자회사에서 할 겁니다. 수입 계약은 마이코의 수입 담당자인 마루다 토모코가 하더라도, 본사인 NHK 오가와 준코의 오케이가 필요했을 겁니다.

그럼 오가와 상이 먼저 구매를 요청했는지, 마루다 상이 먼저 편성을 요청했는지는 알 수 없는 거군요. 계약을 몇 년도에 했습니까?

2002년 1월에 〈겨울연가〉가 국내에서 방송된 뒤 그해 말에 마이코와 수출 계약했고 2003년 4월에 NHK BS2에서 첫 방송이 나갔습니다. 위성으로 방송했는데도 인기가 좋아 그해 12월에 재방송이 나갔고, 2004년 12월 매주 토요일 밤 11시 10분에 지상파로 나가, 시청률이 20퍼센트까지 올라가 폭발적인 한류가 시작된 거죠. DVD를 발매한 NHK엔터프라이즈에 따르면 현재까지도 일본에서 〈겨울연가〉가 드라마 DVD 최고 판매작이라고 합니다. 일본에서 2조 원 효과를 냈다는 얘기도 있었어요.

계약하실 때 러닝 로열티로 계약하셨어요?

네, 러닝으로 계약했습니다. 비디오를 낮은 가격에 팔았지만 일본 거래사 신용을 믿고 러닝 로열티로 계약한 덕에 비디오, DVD 판매 수입이 전체 매출을 나중에 크게 증가시켰습니다.

어쨌든 우리나라의 콘텐츠 판매는 〈겨울연가〉 이전과 이후로 확 나뉘네요.

그렇죠. 이후 일본에서 한국 프로그램에 대한 인식이 바뀌었고 구매가 계속 이어졌습니다. 일본은 PD를 굉장히 중요시

하더군요. 연출자를 존중하고 지원하는 분위기가 두드러져 윤석호 감독의 차기작 〈봄의 왈츠〉, 〈여름향기〉를 비싼 가격에 구매했습니다. 지금도 윤석호 감독이 일본에 가면 제대로 대접해준다고 하더라고요. 일본은 사람과의 인연을 중시합니다. 프로그램 구입할 때도 누가 나오느냐가 제일 중요해요. 배용준이 10년 전에 출연한 작품들까지 전부 구매했습니다. 다음에 박용하의 출연작도 다 샀고요. 드라마뿐만 아니라 영화들도 샀다더라고요. 한국에서 시청률이 어떠했느냐에 상관없이 말이죠.

그때쯤이면 벌써 수출팀에 계신 지 15년이 지났을 시기인데 부서 이동 없이 수출팀에만 계셨던 특별한 이유가 있습니까?

제가 작년 2018년 8월에, 입사하고 29년 만에 수출부서에서 경영센터로 자리를 옮겼습니다. 29년간 수출팀에서 이동 없이 남아 있던 사람으로 제가 유일했죠. 30년을 못 채운 게 좀 아쉽네요. 수출업무는 외국어 실력은 기본이고 관계 비즈니스가 중요하여 인맥과 히스토리를 꿰고 있어야 합니다. 미디어의 수출조직이 확장되고 인원도 계속 교체되는 가운데 중심 잡는 역할을 제가 맡았던 겁니다. 2011년 KBS i와 미디어가 합병할 때도 담당자들이 대폭 바뀌는데도 저는 남아 있어야 했습니다. 저까지 바뀌면 전체 조직에 어려움이 생길 수 있는 상황이었거든요. 수출팀에서는 다른 나라의 인맥이 중요하고 특히 아시아 쪽은 더 끈

끈하게 작용합니다.

일하시기 가장 편한 지역이 어디였습니까?

중국, 타이완 같은 아시아 지역에 정이 많이 갑니다. 친구가 먼저고 사업은 나중에. 가면 술부터 마셔요. 점심때도 박스로 사다놓고, 밤낮없이 계속 마시고 취하고 이런 걸 너무 좋아해요. 서먹서먹하던 관계도 저녁 이후에는 친구, 형님, 동생 사이가 되고 이튿날 사업하면 웬만하면 사인해주고. 옛날에는 그렇게 사업했어요. 요즘 사람들이 들으면 미개하다 하겠지만.

수출하는 이들이 바이어에게 어떤 작품을 내놓아야 할지, 적정가를 어찌 잡으면 될지 정하는 게 쉽지 않잖아요. 그런 감이 일 시작하고서 언제쯤 생기시던가요?

한 2, 3년 지나면 생기는 것 같아요. 예를 들어 일본은 스타를 좋아한다, 중국은 새로운 걸 좋아한다, 그런 것. 중국에서 김수현 배우를 좋아하니 그가 나온 3년 전 작품을 사겠냐고 물으면 올해 것 아니면 안 산다고 해요. 한번 좋아하는 배우가 생기면 그 배우의 과거 출연작까지 다 사가는 일본과 완전 다르죠. 나라마다 특성들이 있습니다. 킬러콘텐츠의 경우에는, 공개경쟁을 통해 바이어들에게 공평한 기회를 주고 가격을 올리는 전략을 쓰기도 해요. 한류가 없었던 1996년에는 〈TV문학관―길 위의 날들〉이란 작품이 방영되어 이듬해 프리이탈리아상을 수상했는데 에미상만큼 권위를 인정받는 상입니다. 마케팅하는 중에 독일 ZDF에서 구매 희망 연락을 받았어요. 당시 아시아 수출가는 1천~3천 불 수준이었지만, 독일에는 그때까지 팔아본 적이 없어 전략적으로 상대방 오퍼를 먼저 받아봤는데, ZDF가 예상가의 열 배를 뛰어넘는 금액을 제안해서 나중에 사내에서 칭찬받은 적이 있어요. 상대 시장을 잘 모를 경우 상대의 오퍼를 먼저 받아보는 것도 방법이죠.

그렇군요. 공개입찰은 뒷말이 많이 나오지 않습니까?

초창기엔 방송사가 모든 권리를 갖고 있었기에 우리가 마케팅이나 전략을 스스로 짤 수 있었어요. 금액은 시장가를 기준으로 적절하게 조정했고요. 그런데 외주제작사가 생겨 수출수익을 배분하면서 가격에 민감해지고 급기야 공개경쟁을 통해 최고가로 수출하게 되는 겁니다. 타이완을 비롯한 몇몇 해외 바이어들은 공개경쟁보다 개별 협상을 선호하기에, 상황에 맞게 사업을 진행 중이죠. 투명하고 공정한 계약이 가장 중요하다고 봅니다. 요즘 우려되는 것은 넷플릭스로 킬러콘텐츠들이 고가에 빠져나갈 경우, 아시아 방송사들이 인기가 떨어진 작품들만 방송하게 되어 한류 시장이 무너질 위험이 있다는 겁니다. 킬러콘텐츠가 일 년에 한두 작품은 있어야 한류 팬들을 계속 유지할 수 있어요.

세일즈하시는 분들이 2000년에서 2010년까지가 가장 좋았던 시절이라고 말씀하시더군요.

그때는 수출이 계속 성장세에 있었지요. 2005년 이후부터 한류 위기라는 말이 계속 있었어도 2014년에 독도 문제로 인한 정치적 갈등으로 일본 시장이 확 빠져나갔을 때 빼고는 매출이 내려간 적이 없었어요. 2015년엔 중국에서 날개 돋친 듯 팔리는 바람에 몇 년 더 갔는데 지금 중국은 공개적으로 한국 프로그램을 안 사고 있죠. 그런 와중에 일본 시장이 다시 조금 살아나 그나마 버텨주고. 이렇게 죽으라는 법 없이 버텨가고 있는데 그게 언제까지 갈진 모르겠습니다.

콘텐츠 투자와 시장 개척의 역사

관리자가 되시고서는 세일즈 실무를 떠나 전체적인 전략을 세우거나 방향을 이끌어가셨을 텐데요.

2004년에 처음 관리자가 되었을 땐, 직원들에게 가르치고 맡기는 것에 익숙지 않았지만 이제는 바이어가 제게 직접 물어보더라도, 담당자가 결정권을 갖고 있으니 잘 상의해보라고 힘을 실어줍니다. 저는 미팅 끝나고 식사할 때 짠 나타나, 잘 부탁합니다, 원샷! 하고 유쾌한 시간을 만들어 친구 되는 역할을 하죠. 그러면 바이어들이 다음에 한국 방문할 때도 저녁 약속은 KBS와 잡는다고 합니다.

독특하세요. 그렇게 일을 편하게 해도 잘되는 비결이 따로 있으신지.

지시하기보다는 직원들의 의견을 수용하는 편입니다. 직원들도 자기 역할을 성실하게 수행해주고요. 남들이 저더러 럭키맨이다, 덕장이다, 그러는데 제 주변에서 함께하는 선후배와 임원분들의 협조 덕분이라고 생각해요. 아등바등하지 않고 물 흐르듯 순리대로 진행하다 보면 일이 풀리는 것 같습니다. 와이프는 제가 충청도 사람이라 너무 느리다고 답답해하기도 합니다만.

〈겨울연가〉 이후에 신경써서 투자한 작품이나 전략적으로 팔아보려 한 드라마가 있었나요?

드라마에는 저희가 많이 투자했습니다. KBS 드라마가 한동안 침체된 적도 있었거든요. 가만히 앉아 KBS 프로그램 기다렸다가는 안 되겠다 싶어 외부 제작 프로그램에 투자한 대표적 사례가 2008년 〈꽃보다 남자〉와 〈아이리스〉예요.

KBS미디어의 콘텐츠 투자의 역사가 정말 길군요. 위기 상황마다 회사를 구하네요.

여러 다양한 신규 사업이 있지만, 제가 보기에 드라마 쪽 사업이 위험부담이 적습니다. 저희처럼 수출을 오래 한 사람들은, 지역별로 유통망이 확보되어 있고, 누가 출연하고 어떤 장르냐에 따라 국가별 수출 금액이 바로 나오거든요. 선판매를 하는 거죠. 실제 수출액과 별 차이가 없어요. 거기에 빵 터지면 금액이 늘어나는 거고. 〈꽃보다 남자〉의 경우엔 아직도 일본에서 로열티가 들어옵니다. 제작사는 초기 자금이 부족한 경우가 많기 때문에 저희가 사업성 있는 작품에 대해서 수출예상금액을 산정해 일정액을 제작사에 미리 선지급하는 방식으로 투자하고 유통에 대한 판권을 확보하는 거예요.

작품들을 직접 고르십니까? 제작사를 선정하는 원칙은요?

네, 출연자, 장르를 보고 내부협의 후 작품을 선정하는데 주로 로맨틱코미디를 선호합니다. 제작사를 선정할 땐 전에 어떤 작품들을 만들었는지, 회사의 신용도는 어떤지를 점검합니다.

통계기록을 보면 2013년이 최고 매출의 해로 나오는데 어떤 작품들이 판매된 건가요?

2013년에는 〈상어〉, 〈예쁜 남자〉, 〈미래의 선택〉, 〈아이리스 2〉, 〈굿 닥터〉, 〈직장의 신〉 등이 수출됐습니다. 〈예쁜 남자〉는 장근석, 〈상어〉는 김남길, 〈미래의 선택〉은 정용화 등 한류스타들이 나온 작품으로, 일본에만 판권 수출액이 편당 10만~20만 불쯤 되었죠. 그래서 그해 수출이 최고로 올라간 것입니다.

그럼 포맷 판매는 어떻습니까? 드라마는 판매 전략이 장기적으로 이어진 듯한데 포맷 판매 정책은 뚜렷하게 보이지 않아서요.

포맷도 계속 판매하긴 했습니다. 〈제빵왕 김탁구〉는 캄보디아에 포맷을 판매하면서 제작을 지원했고, 〈1박 2일〉의 포맷도 중국에 수출되어 3백만 불 이상 벌어들였죠. 〈굿 닥터〉 포맷은 미국에서 히트했고 일본에도 수출되었습니다. 제작지원을 하면 사업 규모가 단순 포맷 사업보다 커지고 시청률에 따라 인센티브 수익도 기대할 수 있어 중국에서 포맷 공동제작 사업이 확대됐지만 사드 문제로 중단되어 주춤하고 있습니다.

초기의 애니메이션 사업처럼 포맷도 커미셔닝으로 제작을 같이 할 수 있지 않습니까?

맞습니다만, 포맷 사업은 위험부담이 높다고 봅니다. 수많은 파일럿 중에서 정규편성되는 작품도 많지 않고, 한번 정규

편성 되면 오래도록 방영되는 경향이 있어 독창적인 새 포맷을 만드는 것이 쉽지 않은 것 같습니다. 저희는 포맷 제작에 투자하기보다 기존의 작품을 잘 수출할 수 있도록 포맷 피칭이나 마케팅 홍보 쪽 사람들을 키우고 있습니다.

KBS 다큐멘터리 판매는 어떠했나요?

1990년대 중반부터 다큐멘터리가 판매됐고요, 〈차마고도〉와 〈누들로드〉가 크게 선전했죠. KBS의 인사이트아시아시리즈의 다큐멘터리 대작들이 2000년대에 정말 화려했습니다. 일본 NHK, 홍콩 TVB, 중국 CCTV 등 아시아는 물론이고 유럽의 Arte에도 나갔죠. 〈차마고도〉는 에미상 다큐멘터리부문 최종후보까지 갔고요. KBS 다큐멘터리라면 홍콩이나 중국에서는 보지도 않고 선구매할 정도였습니다. 2005년부터 MIPTV 정문 대형 배너로도 홍보했죠.

KBS미디어의 전체적인 조직은 지역별로 나누어져 있죠?

네, 일본은 시장이 커서 별도 팀으로 운영하고, 중화권팀은 중국·타이완·홍콩을 커버하고 있고, 신시장팀은 나머지 지역을 관리하는데 워낙 나라가 많아 담당 인력이 제일 많긴 해도 판매단가가 낮아 매출은 제일 적습니다. 그래도 시장을 개척해야 하니 사람을 투입해야죠. 90개국을 살펴야 하는데 3명을 두는 것보다는 5명을 두는 것이, 지역에 특화된 전략을 짜는 데 낫지 않겠습니까. 신규시장은 가격은 낮더라도 많이 판매해서 시장을 확대하는 데 주력하고 있습니다.

앞으로 확 달라질 가능성이 있는 지역이나 장르에 대해 어찌 생각하시는지?

현재 저희가 공을 들이는 지역은 인도예요. 삼성과 함께 들어가 핸드폰에 KBS 콘텐츠를 기본 탑재하는 앱을 개발해 시범 서비스하고 있습니다. 인도 시장이 쉽지는 않지만, 중국 접경 지역에 중국의 영향으로 한류가 있다 하니 그런 지역부터 시작하면 가능성이 있지 않을까 싶습니다. 예전에는 중남미 쪽을 기대했었는데 발전이 없더라고요. 그냥 더빙된 것 달라 해놓고 5백 불, 1천 불에 사고 그만이에요. 1990년대 베트남, 타이완 같은 지역도 편당 5백 불이었는데 인기가 올라가 나중에 타이완에서는 편당 5만 불까지 갔죠. 베트남도 속도는 늦었지만 1만 불 가까이 올라갔고요. 그런데 중남미는 안 올라가더라고요. 터키는 우리 드라마를 리메이크해서 유럽에서 잘나가는 것 같습니다. 터키는 한국과 형제의 나라라는 말도 있는데 실제로 비슷한 점이 많아요. 우리와 마찬가지로, 제작하면서 동시에 방송으로 내보내는 시스템으로 운영되더라고요. 또 인기가 없으면 두세 편만 내보내고 방송을 내리고,

인기가 좋으면 계속 제작해나가는 시스템이라 경쟁력이 있다고 봅니다.

한국 콘텐츠의 힘은 함께할 때 뻗어나갑니다

실무에서 내려오기 전에 꼭 하고 싶었던 일이 있으세요?

킬러콘텐츠를 한 번 더 제작해서 배급하고 싶었습니다. 〈태양의 후예〉나 〈겨울연가〉 같은 작품요. 경험에 비춰보면 킬러콘텐츠는 기존의 한류스타가 등장한다고 뜨는 게 아닙니다. 그건 제작비만 올라가죠. 주조연급에서 인기가 올라가는 배우를 캐스팅해서 작품성을 가지고 킬러콘텐츠를 만드는 것입니다.

가장 힘들었던 순간이 언제였습니까?

〈겨울연가〉 때가 제일 좋았고 또 제일 힘들었습니다. 일단 수익이 높았기에 회사에 기여했고 상암동 건물을 차입금 없이 세우는 데 큰 도움이 되었죠. 문화적 효과도 상당했습니다. 〈겨울연가〉가 일본에서 방영된 후, 재일한국인들이 자부심을 갖게 되고, 전에는 김치 냄새 난다고 한국 유학생들한테 집도 안 빌려주던 일본 중년 여성들이 한국의 남이섬을 구경하고 김치를 사간다는 뉴스를 듣고 뿌듯했습니다. 한국인과 한국 역사를 돌아보며 사과 편지를 쓰는 일본인들도 있었고요. 그런 와중에 해외 수출의 저작권 개념이 정립되지 않아 음악저작권 문제가 발생했고, 그 해결을 위해 일본을 왕래하며 협상하고 그 많던 머리카락도 빠지고, 인센티브 대신 징계를 받은 어두운 과거도 있었죠. 마이코, 팬엔터테인먼트의 협조로 손해를 최소화할 수 있었으니 감사한 일이죠. 돌아보면 호사다마, 그래서 좋은 일 생겼다고 좋아할 것도 없어요. 전 이제 복권도 안 삽니다.

일본에 〈겨울연가〉라면 중화권엔 〈태양의 후예〉가 최강자였는데 이때는 어땠습니까?

중화권에서는 〈태양의 후예〉로 중국에서 송중기의 인기가 대단했습니다. 온라인플랫폼 아이치이IQIYI에서 약 50억 뷰까지 갔으니까요. 이후 〈구르미 그린 달빛〉도 일본, 중국에서 큰 인기를 끌었고요. 일본 시장이 침체했던 2016년에는 중국 시장이 일본을 넘어서기도 했죠. 〈태양의 후예〉의 일본, 중국 판권 거래는 제작사가 직접 핸들링했는데 그것이 요새 추세인 것 같습니다.

유통이나 판매 계약 경험이 없는 제작사보다, 계약서를 디테일하게 볼 줄 아는 방송사의 전문가에게 맡기는 편이 장기적으로 봤을 때 낫지 않습니까?

그렇긴 합니다. 국가마다 저작권 규정이 다르기에 현지 조건에 맞춰 계약을 안전하게 체결하는 것이 가장 중요하죠. 저희가 지금 사용하고 있는 표준계약서도 그동안 수십 차례 보완한 결과물이고 매번 현지 조건에 따라 수정하여 사용하고 있습니다.

얼마 전에 방송사 사람들끼리 이제 다들 정보를 공유하자, 우리 한국 사람들끼리 뭉쳐야 다 같이 산다, 그런 얘기가 처음으로 나오더라고요.

그렇죠. 바이어들은 싸게 사기 위해 서로 경쟁해야겠지만, 수출은 다릅니다. 이 가격은 이 지역에서 너무 낮으니 이 정도는 받아야 하고, 안 그러면 우리도 가격을 낮춰야 하니 이건 이래야 하고, 이렇게 정보들을 교환할 필요가 있어요. 신용에 문제 있는 거래사에 대한 정보도 주고받고 수출협의회를 통해 정보를 공유하고 정부 지원도 늘려가는 등 서로 협력해야 하는 상황입니다. 수출의 역군들은 같이 가는 거예요. 한류는 같이 있을 때만 만들어지지, 어느 한쪽만 나간다고 만들어지는 게 아닙니다.

일하면서 어떤 분들이 특별히 기억에 남으세요?

최초로 칸에 부스를 설치해 나가셨고 KBS미디어 초대 사장도 맡으셨던 장한성 회장님은 나중에 제 결혼식 주례도 맡아주셨죠. 지금은 진주코리아드라마페스티벌 조직위원장을 맡고 계신 진짜 1세대입니다. KBS미디어 2대 사장이었던 박준영 사장님은 아주 공격적으로 일했던 분입니다. 국악방송에도 계셨고 이젠 시인이시죠. 지금도 사람들 만나면서 수첩에 메모하고 다니실 거예요. 김성렬 사장님은 제가 직접 휘하에서 일을 배운 분이고요. 이 세 분은 여전히 현역에서 활동 중이세요. 이상우 선배님은 1991년부터 같이 일하면서 형님처럼 모시면서 동고동락했는데 지금은 아마 제2의 인생계획을 세우고 계실 겁니다. 윤석호 감독님도 해외 프로모션 같이 다니면서 기억에 많이 남고요. 타이완 GTV 임백천 사장, 라이 부사장은 술자리로 형제지간처럼 된 이들입니다. 임 사장은 한국엔 자기를 취하게 만드는 사람이 한 명도 없다는 게 불만이라는데, 다들 취해 뻗었어도 혼자서 코냑 원샷하는 사람이었죠. 그리고 한번은 독일의 프로그램 마켓에서 브라질 체육부장관으로 온 펠레를 보고 얼른 달려가 내가 팬이었다고 같이 사진 찍은 적이 있는데 그 사진 어디 갔나 모르겠네요. 예전엔 MIPAsia를 제주도에서 열려고 여기저기 알아보며 다니기도 하고 적극적으로 이것저것 해보려고 했는데, 이제는 경영·관리하고 있습니다. 돈 막 쓰는 것도 잔소리해야 하지만 사업 잘할 수 있도록 지원하는 데 더 신경쓰려고 합니다.

작년까지 우리나라에서 가장 오래된 콘텐츠 세일즈맨이셨잖아요. 전체적으로 콘텐츠 해외 판매 전략과 이 분야의 미래를 어떻게 보십니까?

돌아보면 입사 이래 매년 위기라는 얘기를 들으면서 지냈습니다. 이제는 잘되겠다라는 소리를 들어본 적이 단 한 번도 없어요. 늘 위기의식을 갖고 어떻게 해야 하나, 이것도 해보고 저것도 해보자였어요. 제가 보기에 가장 중요한 것은 콘텐츠입니다. 많은 플랫폼들이 새롭게 생기고 있기에 더더욱 콘텐츠의 힘이 중요하다고 생각합니다. 한국 콘텐츠는 힘이 있어요. 1970년대 홍콩 영화, 80년대 일본 영화, 각각 20년 동안 호황이었는데, 90년대 후반부터 부상한 한국 영화는 당시 10년을 내다봤지만 벌써 20년이 지나가고 30년을 향해 가고 있잖습니까. 이제는 한류도 할리우드 영화처럼 계속해서 가는 문화가 되어야죠.

한류라고 흘러가 버린다고 볼 게 아니라 이제 그냥 한국 콘텐츠라고 해야겠네요.

그렇습니다. 한국 콘텐츠, 아주 중요한 얘기입니다. 한류는 지나가는 바람 같은 거지만 우리는 계속 가고 있으니 바람이라고 할 수 없지요. 할리우드, 발리우드처럼 하나의 문화가 되어가는 겁니다. 그런데 요새는 제작비도 많이 들지, 캐스팅도 쉽지 않지, 작가나 배우 비용이 워낙 올라가 제작비가 편당 10억, 20억씩 들어갑니다. 방송사가 투자할 수 없는 규모예요. 왜냐면 국내외 판매로는 그만큼 수익을 낼 수가 없거든요. 그럼 넷플릭스밖에 없는 겁니다. 넷플릭스에 대한 의존성이 높아지면 이제 우리가 어떻게 해야 할까, 넷플릭스가 안 사면 어떻게 해야 할까, 이런 질문을 던져볼 때죠.

거기에 아마존과 디즈니가 추가됐고 옥수수와 푹의 통합법인도 시작되죠.

엄청난 자금을 가진 메이저들이 등장하면서 규모가 점점 커지고 있습니다. 제작비를 좀 효율적으로 운영하는 게 어떨까요? 일단 작가와 배우에게 너무 많은 자금이 쏠리고 있습니다. 작품이 성공하든 못하든 작가와 배우는 수입을 늘 보장받지만, 작품이 실패할 경우 제작사는 어려움에 직면하고 스태프들에게 대금을 지급하지 못하기도 해요. 만일 작가와 배우가 수익을 로열티 방식으로 가져가고 프로모션에도 협조하면서 함께 키워가는 방식으로 제작한다면, 제작사의 부담도 줄고 스태프들한테도 충분히 지불함으로써 전체적으로 선순환할 수 있을 텐데요. 지금은 작가와 배우에게 돈이 들어가고 나면 남는 게 없는 겁니다. 그래서 좀 찍다가 망하고 지불도 못 하는 상황이 생기죠. 게다가 방송사뿐 아니라 종편도 다 드라마를 제작하니 잘나가는 작가와 배우에 대한 비용은 더 올라가고요. KBS가 공영방송사로서 역할을 담당해야 할 것입니다. 〈학교〉 같은 청소년프로그램을 통해 배우들을 키워나가는 사관학교가 되었던 적이 있잖습니까. 그렇게 새로운 배우들과 작가들을 한류스타로 키워나가는 겁니다.

지금 말씀은 콘텐츠 유통이 아니라 콘텐츠 전체에 대한 비전이네요. 안 그래도 전 세계적으로 청소년드라마가 다시 부상하고 있더라고요.

모든 것들을 장기적으로 봐야 할 것 같습니다. 특히 OTT는 젊은 소비자들이 좋아하는 것을 선호하니 청소년드라마 쪽이 괜찮을 겁니다. 제작비도 적게 들고.

더욱이 청소년드라마에선 스타가 나오기 쉽죠. 역시 오래 일하신 분의 경험을 들으니 좋습니다. KBS가 가장 경험이 많고 오래됐으니 쉽게 흔들리지 않는 면이 있는 것 같아요.

청소년드라마의 배우들이 스타가 될 경우, 본인을 발굴한 방송사나 연출자의 작품에 한 번 더 출연해주면 정말 아름다운 일 아니겠습니까.

공영방송에 묶여 이것저것 시도하기에 제한이 있을 테지만 동시에 공영방송의 시각을 지니셨기에 그런 다양한 방식들에 대해 고민하실 수 있는 게 아닐까 합니다. 청소년드라마 같은 장르를 더 개발해서 제작을 다변화하거나, 수익 구조를 바꿔서 작가와 스타와 공생하는 환경을 만듦으로써 이 분야의 미래를 볼 수 있다고 생각하시는 거군요.

같이 가게 되면, 같이 성공하는 거죠. 힘을 합쳐 작품을 만들고, 성공하면 다 같이 수익을 나눠 갖고 실패하면 손해를 분담하는 시스템이지요. 그렇게 되면 홍보 및 프로모션 지원으로 수출도 확대할 수 있을 테니 좋지 않겠습니까.

30년간 해보신 결과, 혼자서 잘사는 구조는 갈 길이 아니라는 거죠.

네, 모든 일이 보이는 곳, 보이지 않는 곳에서 일한 사람들의 성과가 모여 이루어지는 겁니다. 내가 조금 덜 가져가더라도 다른 사람들을 배려한다는 심정으로 임한다면 훨씬 바람직한 사회로 나아갈 수 있지 않을까 합니다.

작가와 배우들이 다른 건 몰라도 수익 구조 분배는 고려해볼 수도 있을 것 같아요. 드라마를 영화처럼 생각하는 거죠.

마케팅도 현지에서 하면 훨씬 효과가 큽니다. 가장 큰 시장인 일본에는 로열티 조건으로 수출하고 있는데 배우들이 현지 홍보를 지원하면 DVD 매출을 증가시킬 수 있습니다.

처음에 하신 애니메이션 공동제작과 배급, 거의 그 구조로 돌아가는 셈이네요.

그렇죠. 새로운 게 별로 없어요. 규모가 커지고 시행착오를 줄이면서 조금씩 더 세련되어지는 겁니다.

경영센터장이라는 새로운 위치에서 도전하시고 싶은 것이 있다면요?

유통사업을 주로 경험한 입장에서 사업을 잘할 수 있도록 적극적으로 지원하고 회사 경영수지를 좋게 해서 사원복지도 향상시키고 싶습니다. 사원들이 신규사업에 보다 능동적으로 뛰어들 수 있는 여건과 문화도 조성하고요. 신규사업이 성공할 경우 인센티브를 충분히 지급하고 때에 따라 실패도 용인할 수 있는 문화를 만들었으면 좋겠어요. 징계 대신 재발 방지를 위한 재평가 작업도 꼭 필요하겠고요. 제가 입사 이래 꾸준히 성장하는 30년을 걸어왔던 것처럼, 후배들도 30년 이상 계속 성장하고 발전하는 길을 걷게 되기를 바라겠습니다.

“한국 콘텐츠는 힘이 있어요. 1970년대 홍콩 영화, 80년대 일본 영화, 각각 20년 동안 호황이었는데, 90년대 후반부터 부상한 한국 영화는 당시 10년을 내다봤지만 벌써 20년이 지나가고 30년을 향해 가고 있잖습니까. 이제는 한류도 할리우드 영화처럼 계속해서 가는 문화가 되어야죠.”

1992 MIPCOM

콘텐츠의 가치를 제대로 매기다

킴미디어 대표 김세웅

1949년생. 고려대학교 신문방송학과 졸업. 동 대학 언론대학원 석사. 1973년 TBC에 입사하여 드라마 연출, 외화 더빙 연출. 1980년 방송사 통폐합으로 KBS로 이적. 1983년 언론인해외연수로 오스트레일리아 뉴사우스웨일스공대에서 TV PRODUCTION 수학. 1985년 KBS 해외 콘텐츠 구매 실무. 1991년 SBS 영화부장으로 부임. 1995년부터 SBS 프로덕션 사업본부장. 1999년 킴미디어 설립.

ⓒ 유동영

"각 나라의 다양한 문화를 제대로 이해해야 수출도 잘 할 수 있습니다."

대학에선 무엇을 전공하고 어떻게 방송국에 입사하셨습니까?

고려대학교 신문방송학과 68학번입니다. 65학번이 1회였죠. 한때 KBS·SBS·MBC 사장들이 다 고려대 신방과 출신이었어요. 1972년에 졸업하고, 73년에 삼성에서 운영하는 TBC(동양방송)에 입사해 드라마 연출로 운현궁스튜디오에서 주로 근무했습니다. TBC가 1964년도에 생겼죠. 제가 학교에서 연극을 좀 했고 전공은 신문방송학이었으니 미디어 쪽에 관심이 많았어요. 그래서 방송사에 들어가게 된 거죠.

그때 드라마 만들던 PD로 어떤 분들이 계셨습니까?

심현우, 곽용범, 김재형, 나영세, 전세권, 고성원, 최지민, 하강일, 다 옛날 PD분들입니다. 시험 없이, 주로 연극하던 백그라운드로 추천되어 입사한 분들이 많았어요. 제가 들어간 때부터 정식 시험으로 채용했죠. 그때는 연극인과 PD들 사이에서 선후배 관계의 틀이 엄격해 일할 때도 적용되곤 했어요. PD가 모든 것을 관장해야 하는데 연극하는 선배가 더 영향력을 행사하던 시절이었죠.

1973년도의 방송은 상상이 안 갑니다. TBC 외에 KBS, MBC도 이미 있었던 때죠? 입사하자마자 바로 드라마 제작을 하셨습니까?

아뇨, AD를 거칩니다. 학교에서 배워 졸업하고 인턴에 이르는 전 과정이 우리한테는 전혀 없었어요. 들어가서 일하며 배우는 겁니다. 연극하신 분들은 그 과정에 이미 숙련되어 있었죠. 말하자면 경력사원으로 들어온 거나 마찬가진 거예요.

AD 시절엔 어떻게 일하셨습니까?

AD가 많지 않아 프로그램 이것저것 다 돌아가면서 맡아봤습니다. 일일연속극 두 편, 주말연속극 한 편. 지금처럼 드라마 한 편에 PD가 다섯 명, 열 명이 달라붙는 게 아니었어요. 지금처럼 체계적이 아니었습니다. 시청률과 광고가 아니라, 그 시간을 메꾸는 것, 무조건 방송을 내보내는 게 중요했습니다. 경쟁이 필요 없었죠. 지금은 다채널과 미디어플랫폼이 엄청나게 많지만 그때는 지상파방송 하나밖에 없었으니까요. 그래서 사람도 몇 명 안 뽑는 거죠. 제가 월요일부터 금요일까지 드라마를 매일 두 편씩 하는 겁니다. 그래도 녹화는 있었어요. 녹화기가 갖춰지기 전엔 생방송만 했었고요. 녹화는 중간에 편집 없이 마지막에 딱 맞게 끝나야 합니다. 중간에 NG 나서 처음부터 다시 시작해야 할 상황이 되면 PD들 혈압이 오르죠.

1973년 TBC에 어떤 드라마가 있었는지 기억하세요?

〈사모곡〉, 〈여보 정선달〉 같은 드라마들이 있었어요. 콘티가 모두 세밀하게 움직여야 해요. 카메라가 세 대밖에 없었습니다. 세 대 가지고 콘티뉴이티를 짜는 거죠. 이 장면에서 저 장면으로, 저 장면에서 이 장면으로 왔다 갔다 하는 복잡한 절차를 생방송으로 할 수 있게끔 작가가 잘 써줘야 합니다. 요즘은 매일 나가는 드라마라도 일주일에 두세 번 뜨잖아요. 우리 때는 하루에 끝냈습니다. 30분짜리 다섯 편이니 하루에 150분을 뜨는 거죠. 편집하는 녹화기가 들어온 뒤로는 알맹이 떠놓고 CF라든지 엔딩 타이틀을 다 붙여 완성해서 편성에 가져다주면 거기에서 운행했습니다.

1970년대 한국의 방송국

AD를 언제까지 하셨습니까?

1976년까지 한 4년 하고 77년부터 어린이프로그램을 연출했습니다. 아역 탤런트였던 강수연 씨가 출연하는 〈똘똘이의 모험〉이라는 어린이드라마로 입봉했어요. 다음에 〈형사〉, 〈추적〉 같은 액션 주말드라마를 했고요. 그때는 위에서 상사가 지정하는 대로 작품을 맡았는데, 대부분 입봉 과정은 어린이프로그램이었습니다.

언제까지 드라마 연출을 하셨습니까?

2년쯤, 1979년까지 했습니다. 〈추적〉은 안기부 프로그램이었어요. 5.16 이후부터 각종 대남 사건들을 추려 각색한 반공드라마였죠. 그래서 전부 간첩이 나와야 했는데 AD가 《중앙일보》에 가서 문인간첩사건 사진을 가져다 딱 집어넣어버려 나중에 항의 들어오고 연출 한 달 정지당한 일도 있었어요. 요새는 촬영 장소를 다 미리 헌팅하지만 예전엔 사전조사도 촬영료도 없고 무조건 찾아가서 그냥 찍는 거였습니다. 한번은 화전민촌을 찾는다고 경기도 연천 같은 시골에 갔어요. 강원도까진 너무 멀고 길도 없어 갈 수 없었죠. 그렇게 한참 찍고 있는데 생전 오지도 않던 화전민이 그날따라 또 찾아와서 엉망 만들었다고 난리쳐서 변상한 일도 있었습니다. 모두 1978년 일입니다.

1978년에 일이 좀 많으셨군요.

그러다가 몸도 안 좋아지고 연출 정지도 받아 기분 상해 사무실을 나와버렸어요. 가까운 프랑스문화원에 가서 영화 실컷 보면서 쉬다가 결국 영화부로 옮겼습니다. 당시 영화부는 수입과 더빙을 함께 했는데 제가 처음에 셰익스피어 전작 29편짜리를 맡으면서 연극하던 이들을 성우로 대거 투입시키기도 했습니다. 그래서 기존의 성우들과 갈등도 많았던 것을 기억합니다.

셰익스피어 전작을 그렇게 내보낸 건 국내 최초였겠는데요?

그랬죠. 그렇게 1년쯤 하다 1980년에 통폐합되어 KBS로 어쩔 수 없이 가야 하는 상황이 됐습니다. 초기에 〈희한한 세상〉이라는 프로그램을 연출했는데, 마술이나 서커스, '세상에 이런 일이' 류의 특이한 해외 콩트와 국내의 코믹한 콩트를 묶어내는 프로그램이었어요. 코미디언 이상해 씨와 3년간 그 프로그램을 했죠. 원래 TBC에 있다가 KBS로 같이 온 친구가 연출하고 있었는데 갑자기 MBC로 가버려서 제가 맡아야 했습니다.

수입과 제작이 함께 들어간 프로그램이라니 재미있네요. 당시에 코미디언이 나오는 프로그램이 많이 있었나요? 다른 분들 같으면 코미디언보다 인기배우를 출연시켰을 것 같은데요.

〈희한한 세상〉은 배우가 아닌 코미디언이 나와 재미있게 만들어야 하는 포맷이었어요. 코미디언이 출연하는 프로그램이 많지 않으니 이상해 씨가 최선을 다해 몰두했죠. AD도 없고 대학생 아르바이트 한 명 두고 저 혼자 북 치고 장구 치면서 PD, AD 일을 다 했습니다. 전영호라는 작가가 글을 썼고요. 그렇게 3년간 1983년까지 그 프로그램을 만들었는데, 이를 계기로 제가 공영방송 KBS와 삼성의 경영 조직인 TBC의 차이를 뼈저리게 경험하게 됐죠.

KBS와 TBC를 모두 경험한 분들이 많지 않아 얘기가 아주 흥미로운데요. 예전 자료들을 보면 TBC의 분위기가 좀 독특했던 것 같습니다.

민영기업과 공기업의 분위기는 다른 점이 정말 많습니다. 수익을 극대화하려는 민간기업은 조직이나 인력을 최대한 활용하려 하죠. 특히 TBC는 삼성이라는 기업이 운영했기에 경영 효율화를 대단히 중시했습니다. 한 직원이 입사하면 3~5년 동안은 이 조직에 맞는지 면밀히 체크해서 업무평가에 반영하고 평가가 부정적일 경우 방계회사로 전출시키는 사례가 있었지요. 공기업인 KBS는 기껏해야 지역방송으로 이동시키는 정도였어요. 당시 TBC는 MBC나 KBS와 경쟁한 게 아니라 사내에서 직원들끼리 경쟁했다고 보면 됩니다. 신입사원을 채용할 땐 개개인의 업무 적합성뿐 아니라 조직의 충성도도 고려하기 위해, 이병철 회장이 직접 면접시험에 들어왔습니다. 언젠가 KBS에서 업무가 끝나고 6시가 지나니 바둑 두는 소리가 들려왔는데, TBC라면 있을 수 없는 일이었죠. TBC에 있던 사람들은 일 안 하면 죽습니다. 무조건 부딪쳐보고 문제를 극복하는 게 몸에 밴 사람들이었죠. 제가 70이 넘어서도 현업을 계속하는 게 아무래도 그 시절의 영향 때문이 아닌가 해요. 모든 것이 장단점을 지녔습니다. TBC는 효율성을 중시하니 조직 안에서 소모되는 느낌을 피하기 어려워요. KBS는 경쟁 없이 그냥 출퇴근만 잘하면 먹고살겠더라고요. 일한

성과에 대한 보상도 TBC가 훨씬 높았는데 통폐합 후에 급여를 TBC 기준에 맞춰야만 했습니다. 즉 같은 호봉의 KBS 직원들 급여는 대폭 인상되고 TBC 출신 직원들 급여는 예전과 동일한 수준으로 유지된 것이니 TBC 출신들이 실망이 컸죠. 통폐합 전에 TBC에선 홍두표 씨가 일본 특파원으로 있을 때 터득한 방송 운영의 노하우를 가지고, TBC를 대형 특집프로그램의 산실로 만들어 엄청난 광고 수입을 올렸고 직원들의 급여도 매년 약 30퍼센트씩 인상된 시기가 있었습니다. 1백만 원의 제작비를 들여 10퍼센트의 광고 수입을 올리는 것보다 1천만 원을 투입하여 1백만 원의 수입을 올리는 것이 회사의 수익을 신장한다는 것이죠. 해외의 대형 미니시리즈 수입에도 과감하게 투자해서 〈뿌리〉 같은 외화 미니시리즈 특집은 버스나 열차 광고, 팸플릿 등을 통해 전사적으로 선전했습니다. 매출이 급상승한 덕에 여의도에 별관도 지었고요. 본격적인 여의도 시대를 열려는 찰나에 언론통폐합으로 TBC가 사라진 일을 이병철 회장이 '마음의 아픔을 참을 길이 없었다'라고 회고하기도 했죠.

그 건물이 원래 TBC 건물이었다고요? TBC의 역사가 보통 우여곡절이 아니군요.

그렇습니다. 1970년 우리 방송의 굴곡진 역사라고 봐야지요. 물론 공영방송인 KBS도 나름대로 장점이 있었습니다. 다큐멘터리처럼 묵직하고 시간이 걸리는 프로그램들을 만들 수 있었고요, 직원 재교육 등 보이지 않는 곳에도 기꺼이 투자한다는 점이었어요. 전두환 정권 때는 언론인 회유책으로 언론인해외연수제도가 있었습니다. 저는 이를 활용해야겠다 싶어 토플까지 봐서 제 자격조건을 높이고 인기 지망국인 미국이나 영국 대신에 오스트레일리아를 지원하여 1983년에 시드니로 연수를 가게 됐습니다.

그럼 1983년부터 1년간 연수하신 건가요?

그렇습니다. 뉴사우스웨일스공대에서 일 년간 공부할 학비와 생활비를 언론연구원으로부터 지원받았습니다. 당시 해외연수를 간 언론인들은 학업에 매진한 사람도 있지만 대부분 가족과 함께 편한 마음으로 여유로운 시간을 보낼 기회로 삼았던 것 같습니다. 저는 대학에서 전공한 매스컴과 영어 공부를 해보려고 와이프에게 양해를 구해 주로 혼자서 10개월을 보냈습니다. 후반의 2개월은 식구들을 초청해서 같이 보냈고요. 처음 시드니에 도착했을 때 한국에서 배웠던 미국식 영어와 사뭇 다른 영국식 영어가 들려와 무슨 말인지 어리둥절하기만 했죠. 공부하면서 차차 알아듣게 되어 3개월 후엔 2년제 대학원코스를 1년에 마칠 수 있는 자격증까지 받았지만, 회사로부터 연수 기간 연장이 불가능하다는 통보를 받고 생활실무영어 공부에 집중했습니다. 그것이 제가 여태껏 수출입 사업을 맡아볼 수 있는 발판이 되었다고 봅니다.

인디 필름 수입으로 모두를 먹여살리다

그럼 1984년도에 KBS 박준영 부장님에게 돌아오신 거군요.

그랬습니다. 연수에서 돌아온 이후에는 그사이에 〈희한한 세상〉도 이미 없어져 다시 더빙 프로듀서 작업을 수행했습니다. 1985년에 더빙제작에서 수급을 담당하는 구매업무를 시작했습니다. 좋은 프로그램을 제작하는 것도 중요하지만 해외의 우수한 프로그램을 수입해 시청자에게 선보이는 것도 중요한 업무로 보고 박준영 부장에게 말씀드려 구매업무를 시작한 것이지요.

다른 방송사에는 해외 프로그램을 수급하거나 구매하던 분들이 아예 없었나요?

그땐 매체 자체가 KBS와 MBC밖에 없을 때인데요, KBS는 영화부에서 구매팀을 포함해 더빙제작팀·송금팀·방송물통관팀의 담당자가 각각 해당 업무를 지속적으로 맡아보는 식이었지만, MBC의 구매는 교양프로그램 등 다른 부서에 속한 PD들이 한두 해씩 돌아가며 맡아보더라고요. 한번 거쳐가는 과정처럼 간주했으니 전문성이 충분했다고 보긴 어려웠죠. 당시 MBC는 드라마를 비롯한 자체 제작 프로그램에 대한 반응이 워낙 좋아 해외 프로그램에 신경을 덜 썼던 것 같습니다. 해외 프로그램 구매 전문가로는 KBS의 박준영 부장이 잘 알려져 있었지요.

1985년도부터 함께 수입을 다니신 거네요. 그즈음에 마켓에도 나가셨습니까?

그때만 해도 해외 프로그램 수입은 직거래가 아니고 중간에 수입 대행사가 대행수수료를 받고 방송사에 납품하는 형태였습니다. 유림통상 등 무역을 주로 하는 5개의 회사에서 미국의 메이저 제작사의 프로그램을 납품했죠. 직접 해외 마켓에서 프로그램을 골라 구매하는 것은 상상하지도 못했습니다. 그런데 1970년대 후반에, 칸에서 열리는 MIPTV에 북한 방송관계자들이 참여한다는 소식이 전해져 방송 3사 관계자들이 급히 회동하고 MIPTV에 참가하게 되었어요. 이어 서울올림픽으로 한국의 해외인지도가 올라가고 국민들의 세계화에 대한 눈높이가 높아지면서 본격적으로 해외 프로그램 마켓에 참여하기 시작한 거고요. 나중에 감사원에서 KBS가 대행업자에게 수수료를 지불하는 것을 문제 삼아, 직접 프로그램을 구매하는 체제로 전환하기 시작했습니다. SBS도 개국하면서 1990년대 초부터 방송 3사가 본격적으로 직접 프로그램을 구매하게 된 거죠.

그럼 1991년도까지 KBS에 계셨습니까? 그해에 KBS영상사업단이 생기지 않았습니까?

맞습니다. 저는 1991년에 SBS로 이직하고 KBS에는 자회사인 KBS영상사업단이 생겼습니다. 이 영상사업단에서 해외 프로그램의 수입과 수출, 콘텐츠 기획 및 제작, 방송콘텐츠 관련 사업을 맡아 수행했죠. SBS도 개국하고 이듬해인 1992년에 SBS프로덕션이 설립되어 제가 1995년에 사업본부장을 맡아 프로그램 수출입을 총괄하게 됐습니다. 이때까지만 해도 국내 프로그램의 완성도가 그다지 높지 않아 수입에 많이 의존해야 했어요. SBS의 경우 1999년도에 수입 총비용이 80억 원이었는데 수출은 1억 원도 되지 않았죠. 지금은 수입이 거의 전무한 상태이니 격세지감이 느껴집니다.

1991년에 SBS로 넘어가실 때 SBS에서 제의를 받으신 겁니까?

그랬습니다. 그때 SBS의 상황이 KBS와 MBC에서 스카우트해야만 하는 상황이었어요. 비디오나 영화사 쪽은 전혀 다른 매체라 사람을 데려오기 어려웠어요. 저는 당시 KBS에서 차장이었는데 신설회사인 SBS 입장에선, 지금은 고인이 된 장인식 부장보다 저를 스카우트하는 것이 부담이 덜했을 겁니다. KBS에서 부장을 보좌하는 역할이었던 저는 SBS로 건너가 부장으로서 업무에 책임을 지고 인력을 스카우트할 권리도 갖고 적극적으로 일해볼 마음으로 제안을 받아들였습니다. 초창기 SBS에서 KBS 출신과 MBC 출신 사이에 신경전이 있었던 기억이 나네요. 영화·드라마·예능프로그램에는 KBS 출신이 많고 보도·편성에는 MBC 출신이 많았습니다.

1991년도에 SBS로 넘어가실 때는 어떤 포부를 가지고 가셨습니까?

당시 해외 프로그램은 영화패키지 구매가 주요 업무 중 하나였습니다. 일반적으로 유니버설, 워너브라더스 등 메이저 스튜디오들은 영화를 한두 편씩 파는 게 아니라, 최소 26편을 묶어 패키지로 판매했습니다. 울며 겨자 먹기로 이 패키지를 구입하지 않으면 안 되었죠. 시청률을 올릴 대작들을 메이저들이 갖고 있었기에 철저하게 판매자가 구매자보다 우위에 있는 마켓이었습니다. 반면 대작이나 킬러콘텐츠를 갖지 않은 인디 영화사의 작품은 구매자가 우위에서 프로그램을 구입하는 소비자 우선 마켓이었고요. 메이저 스튜디오의 작품은 판권료가 고가여도 시청률이 보장되는 장점이 있었고, 인디 영화사의 작품은 저가로 구매가 가능하지만 시청률을 담보할 수 없는 단점이 있었습니다. 이런 상황에서 메이저 작품이 외화 편성에서 80~90퍼센트를 차지하고 있었는데 저는 이것을 바꿔야 한다고 생각했어요. 그래서 저가이면서 완성도 높은 인디 영화사의 작품을 많이 수입해 인디와 메이저의 비율을 50대50으로 조정했습니다. 결과적으로 SBS의 수익이 극대화되는 데 기여했고요.

정말 획기적이네요. 인디 필름을 어떻게 수급하셨습니까?

시간이 부족해서 제가 직접 해외 출장 가서 각 회사 담당자를 만나 구매상담을 했습니다. SBS에 3월에 입사해서 4월부터 7월까지 3개월간 해외 마켓에 참가하고 직접 회사를 방문해 약 2년치 프로그램을 확보하였지요. 영화부장이 입사했다는데 사내에서 통 보이지 않는다고 의아해한 사람이 많았습니다. 지금은 해외 프로그램이라면 KBS의 다큐멘터리 시간대 정도에 불과하고 MBC나 SBS의 편성에서는 거의 찾아볼 수 없지만, 당시에는 전체 방송에서 외국물이 15퍼센트 이상 넘어선 안 된다는 방송법 조항이 있을 정도로 해외 프로그램이 많았습니다. 저는 해외 프로그램의 비중을 최대한 늘려 14.9퍼센트까지 편성했습니다. SBS가 신설 방송사라 장비·시설과 제작 인원을 초기에 확보하기 쉽지 않아 외화·스포츠·예능프로그램들이 선봉에서 방송을 이끌어갔고 그중에서도 외화가 가장 활발하게 앞장섰죠.

무역회사로 치면 원자재 구매 가격을 낮추고 수급을 확보하신 셈이군요.

그렇지요. 당시 메이저 영화사들의 편당 가격이 5만 불 이상이었던 데 비해 인디 작품은 편당 5천 불로도 구입이 가능했습니다. 메이저 영화사 담당자들은 판매에 있어 프로급이라 가격을 협상하는 데 한계가 있었어요.

인디 필름들은 어떻게 선정하셨습니까?

인디 영화들을 고르느라고 고생 많이 했습니다. 메이저 수준의 작품을 찾아내야 했으니까요. 회사를 방문하기 전에 팩스로 소통해서, 먼저 각 회사의 카탈로그를 보고 관심 가는 작품들을 골라 해당작의 VHS 견본 테이프를 준비해달라고 요청했습니다. 방문해서는 수북이 쌓인 각각의 견본을 5~10분쯤 시사하고 다시 작품을 골라 한국으로 발송해달라고 요청하고요. 귀국하고서 이 견본들을 다시 자세히 체크하고 추려내는 작업을 했지요. 미국 LA 출장에선 지도를 보고 직접 운전하면서 회사들을 돌아다녔지만 영국을 비롯한 유럽에서는 주로 택시를 타고 돌아다녔습니다. 하루에 여섯 업체를 방문할 때도 있었으니 쉽지 않은 여정이었죠.

하루에 여섯 건의 미팅은 어마어마한 일정입니다. 지금도 그렇게는 못할 텐데요.

개국을 앞두고 있어 꼭 해내야겠다는 사명감이 있었던 것 같습니다. 이렇게 선정된 작품을 여하히 라인업해서 방송을 내는 편성 전략이 아주 중요했죠. 시청률을 확실하게 보장하는 대작들은 이를테면 설 특집, 다음엔 추석 특집, 여름방학 특집, 8.15 특집, 여름 납량 특집, 이런 식으로 A급·B급·C급을 적절히 배열하는 거예요. 한번에 A급 대작들을 쏟아붓지 않고 시의에 맞추고 물량을 감안하여 편성했기에 시청자들에게서 지속적으로 호응을 얻었습니다.

씨네필들이 굉장히 좋아했겠는데요. 보기 힘든 B급 유럽 영화들도 죽 볼 수 있었을 테니.

또 하나 결정적인 것이 있었습니다. 보통 작품들이 극장 상영, 비디오출시, TV 방송 순으로 나가는데 일반적으로 극장 상영 후 7년이 지나야 TV에서 방영할 수 있었습니다. 제가 이것을 3년으로 앞당겼어요. 우선 메이저 영화 중에서 극장 개봉하고 3~7년 된 것들의 비디오 대여 순위를 조사했습니다. 일본 순위도 많이 참조해서 리스트를 모조리 체크했죠. 그중 아직 어베일러블할 것이다 싶은 작품들을 목록으로 만들어 메이저사의 홍콩 지사 같은 곳에 즉각 체크해달라고 요청해요. 그렇게 해서 피드백을 무지 빨리 받았으니, 가만히 앉아 기다리다 건네주는 대로 사면 7년이 지나고서야 방송되던 게 3년 뒤로 단축된 겁니다. 시청률이 올라가 엄청나게 히트했습니다. 〈에이리언〉, 〈터미네이터〉, 수도 없었죠.

KBS에 계셨을 때 이것을 진작에 하고 싶으셨겠네요.

패키지 만들 때도 전략이 필요했어요. 메이저사들은 최고의 세일즈맨이니 한국 시장을 손바닥 보듯 꿰고 있습니다. 그들을 상대하려면 각각의 성향이나 프로그램에 대해서 공부를 무지하게 많이 해야 했어요. 일반적으로 그들이 선호하는 작품들은 〈쥬라기 공원〉 같은 블록버스터들인데 그것이 우리 국내 시청자들의 선호도와 반드시 일치하는 건 아닙니다. 어떤 작품은 그들에게 70만 불짜리라 해도 우리 시청률 기준으론 10만 불인 경우가 있죠. 그 반대의 경우도 있고요. 저는 그 점을 이용했습니다. 6대 메이저사 가운데 저와 친분 있는 20세기 폭스, 유니버설, 워너브라더스, 세 군데에서 예전에 건네준 패키지의 26편을 우리 시청률에 맞춰 제가 직접 다시 구성한 뒤에 협조를 구했습니다. 대개 저를 적극적으로 도와줬고요, 이후로 그 회사 패키지를 집중적으로 많이 구매했습니다. 패키지를 재구성할 때마다 그들에게 줄 수 있는 것과 내가 받을 수 있는 것들을 꼼꼼하게 챙겼죠.

MIP에 처음 나가셨을 때 어떤 인상을 받으셨습니까?

완전히 딴 세상 만난 것처럼 황홀했죠. 전부 다 내 것 같고요. 그래서 팸플릿을 모조리 모아보니 집채만큼 쌓인 겁니다. 제 말레이시아 친구가 보더니 씩 웃으면서, 미스터 킴 의욕이 너무 많다면서 자기 차로 호텔까지 실어다 줬습니다. 어차피 다 갖고 한국 갈 수는 없으니 그중 10분의 9를 골라서 버리는데 닷새 동안 꼬박 작업했어요. 처음에 마켓 갔을 때는 매일 4시간씩, 그러니까 새벽 한두 시까지 메모했습니다. 당일에 안 하면 까먹기 십상이니 안 할 수 없는 노릇이었죠. 예전에는 동남아 친구들이 굉장히 선진적이고 민첩했습니다. 우리나라 지상파방송사들이 자체적으로 프로그램을 수급하기 전, 한 1995년 전까지는 말레이시아나 일본의 대행사들이 아시아 국가들에 프로그램 수입을 중개했었죠.

지금도 MIP에 처음 가는 분들은 그렇게 카탈로그를 모으세요. 카탈로그가 예전보다 더 귀해지고 있긴 하죠. 그때 같이 나간 한국분들이 많았습니까?

그때는 많지 않고 KBS·SBS·MBC, 다 합치면 딱 다섯 명, SBS에서는 저뿐이었습니다. 좀 지나고서 제가 다른 직원들도 데리고 나갔죠. 그리고 대우에서 비디오 사업하는 직원들도 왔습니다. 나중엔 SK도 왔지만 대우가 제일 먼저 나오기 시작했고 참 열심히 일했어요들. 한국 사람들 처음엔 열 명이나 될까 했는데 1995년에 케이블 생기면서 150명까지 늘어났죠.

1994, 95년 홍콩 MIPAsia 때만 해도 비디오 시장이 살아 있을 때

였죠. 1980년대 말이면 한국 사람들이 정말 딱 열 명이었는데 그 때라면 일본 사람들이 많았습니까?

그렇죠. 일본의 후지TV 같은 경우는 요트를 빌려 스시 파티를 하곤 했는데 그것이 가장 큰 행사였습니다. 1980년대가 일본 만화의 황금기였죠. 처음엔 일본에서 프랑스에 공짜로 만화를 제공했어요. 그러다 어느 순간부터 돈을 지불하라 하니 프랑스 애들이 딱 거래를 끊었습니다. 그랬더니 프랑스의 시청자들이 불평불만으로 난리가 났고요. 그때부터 일본에서 방송권이나 판권 가격을 무지하게 올린 겁니다.

우리나라도 처음에 프로그램 판매할 때 돈을 받지 않고 외교부 라인으로 내놓지 않았습니까?

베트남이라든지 제3세계, 남미 같은 곳은 일종의 문화사업으로 봤으니 돈을 받지 않고 내놓았지만 유럽 같은 곳에는 돈을 받고 제대로 판매했습니다. 베트남도 처음엔 돈을 받지 않았지만 몇 년 후엔 5백 불에서 천 불, 그렇게 가격을 올렸죠.

1988, 89년에 처음으로 MIP에 가셨으니 한 30년 가까이 나가신 거군요. 얼마 전 MIP 50주년 행사로 50년 내내 왔던 분들을 꼽아 보니 40분이더라고요. 그중에 한국분은 없었지만요.

일본 도쿄비전의 다카시라는 사람도 MIPTV 1회부터 나간 전설 같은 분입니다. 아직도 현역에서 일하는데 MIPTV, MIPCOM은 안 간 지 한 4, 5년 된 것 같군요. 일본은 전문성이 있죠. 식당도 자식들에게 가업으로 물려주고. 저는 MIPTV, MIPCOM, 이렇게 일 년에 두 번씩 나갔고 스포텔, 모나코, 몬테카를로TV쇼도 나가고, 일 년에 한 여섯 번쯤 마켓에 나갔던 것 같습니다. 그곳에서 만난 외국인 친구들 중엔 벌써 저세상 가버린 이들도 꽤 됩니다.

그러시군요. 직위와 상관없이 오래도록 나오시는 게 참 좋아 보이더라고요. SBS에는 언제까지 계셨습니까?

제가 1991년에 들어갔고 93년에 SBS프로덕션으로 파견 근무를 나갔죠. 직위는 SBS인데 일은 프로덕션에서 하라는 것이었습니다. 영화부에 구매 파트와 더빙 후반작업 파트가 있었는데, 구매만 프로덕션으로 갔죠. 당시 구매가 80억 규모라 김영원과 저, 두 사람이 가면 프로덕션 매출이 80억이 되는 구조였습니다. 기능적으로 보면 머리 격인 구매가 본사에 남고 다리 격인 더빙제작이 가는 게 맞는데도 말이죠. 또 나중에 책임질 일이 생길 때도 어떤 일이 발생할지 모를 노릇이었고요. 결국 문제가 불거져 1999년에 제가 SBS를 나왔습니다.

새로운 미디어 환경에서 되새길 것들

2000년대 초반에 본격적으로 수출이 열리면서부터 환경이 많이 달라졌죠?

네, 환경이 정말 중요합니다. 1995년에 케이블이 생기고 2001년에 위성방송이 생기면서 미디어 환경이 바뀌기 시작했습니다. 다매체 다채널의 시대에 접어든 거죠. 국내 콘텐츠의 제작 수준이 향상되어 시청자들이 다른 나라의 콘텐츠를 찾을 필요가 없어져, 지상파의 해외 프로그램 의존도가 점점 줄어들었습니다. 한때 최고 광고료를 받던 SBS 프로그램이 금요일 밤 8시 50분에 편성된 〈영화특급〉이었습니다. 1995년 이후에 영향력이 떨어지면서 9시 30분으로, 10시로, 11시로, 12시로, 그리고 12시 30분까지 가다 어느 순간 없어져버렸죠. 자국의 콘텐츠를 선호하는 경향으로 나아가는 것은 우리나라뿐 아니라 다른 나라도 마찬가지인 것 같습니다.

2000년대 초반이라면 CJ, OCN 등의 케이블방송이 엄청나게 투자할 때였죠?

케이블방송이 개국할 때는 자체 제작 프로그램이 거의 전무했기에 지상파와 해외 방송사로부터 프로그램을 구입할 수밖에 없는 상황이었죠. 한국 시장을 잘 아는 메이저 스튜디오들이 이 상황을 활용하여 케이블방송사들 사이의 경쟁을 극대화한 것이 사실입니다. 지상파방송사는 공보처의 추천제도를 비롯한 외적 환경으로 메이저사와의 거래 가격 기준이 어느 정도 형성되어 있었고, 수익을 가져가는 것도 일반적이었어요. 케이블방송사는 이런 경험이 없었기에 금세 메이저사가 주도하는 시장이 되어버렸지요. 패키지 거래도 10편, 20편이 아니라 100시간이나 그 이상을 통째로 사게 하고 나중엔 독점판매 형태로 비약했습니다. 이렇게 메이저사들로부터 대량으로 구입하다 보니 인디사의 작품을 구매할 여유는 없을 수밖에요. 더구나 인디사의 작품은 완성도가 검증되지 않아 일일이 작품을 시사할 시간을 충분히 가져야 하기 때문에 케이블방송사 입장에선 메이저사의 검증된 작품을 패키지로 구매하는 것이 여러모로 낫다고 판단했을 수 있습니다.

1999년도에 SBS를 그만두시고 바로 킴미디어를 차리셨습니까? 과거에 제작에서 배급으로 업무를 바꾸셨던 것처럼 아예 새로운 영역을 해보고 싶은 생각은 없으셨는지요?

퇴사하고서 바로 1999년 11월 1일에 킴미디어를 설립했을 때 새로운 영역을 생각해보지 않은 건 아닙니다. 제가 원래 제작으로 일을 시작했으니 독립제작사를 설립해서 드라마나 예능 프로그램을 제작하는 일을 해볼 수도 있었고, 국내 프로그램의 해외 배급이나 후반작업에 몰두하는 회사를 설립해서 의욕적으로 매진해볼 수도 있었고 또 주위의 권유도 있었어요. 그러나 현장을 뛰면서 익힌 그간의 노하우를 펼쳐가는 것이 전문가로서 장수하는 길이라고 판단해서 킴미디어라는 배급회사를 만들어 크지 않은 규모로 시작한 겁니다.

그럼 이후로 지상파방송사에 프로그램들을 수급해오셨습니까?

네, 지상파와 케이블 위성, IPTV, 공공채널인 국회방송이나 국방방송, KTV 등 많은 채널에 프로그램을 공급할 기회를 가져 바쁜 시간을 보냈습니다. 해외 프로그램 마켓은 한창 많이 다닐 땐 일 년에 7~10회 나가기도 했는데 지금도 꾸준히 참여는 하고 있습니다. 결과적으로 20년이 넘도록 현업에 종사하고 있네요.

요사이 콘텐츠 마켓은 어떻게 달라졌다고 보십니까?

최근 지상파의 현황을 말하자면, 제가 몸담았던 KBS에는 프로그램을 공급하고 있지만 SBS와 MBC는 해외 프로그램의 편성이 전혀 없습니다. 우리 콘텐츠가 해외로 뻗어나가는 것은 좋은 일입니다만 프로그램 다양성의 측면에서 볼 때, 우수한 해외 콘텐츠를 때때로 방영할 필요가 있다고 봅니다. 제작 시간과 비용이 많이 드는 양질의 다큐멘터리, 가족이 함께 볼 수 있는 대작 등은 시청자들에게 유익할 뿐만 아니라 국내 제작 PD들에게도 좋은 본보기가 되지 않겠습니까. 케이블방송사에서 메이저사와의 패키지 거래에 매몰해 우수한 인디 프로그램을 찾는 데 소홀히 하는 점은 좀 아쉽습니다. 인디 프로그램 수급에 있어 저희 회사의 입지가 확실히 줄어든 측면이 있죠. 한편으로 그동안 해외 프로그램 수출의 주요 거래처였던 중국이 정치적인 이유로 우리 시장을 막아버려 다양한 거래처 확보가 중요하다는 사실이 대두되었는데요, 거래처 확보는 하루아침에 이루어지는 게 아니고 중장기적으로 일궈가야 할 사안입니다. 이제 아시아 지역을 넘어 중남미·유럽·중동 지역의 시장도 활발하게 개척해야 할 겁니다.

1990년대 중반에 SBS프로덕션에 계실 때 수출도 같이 하셨습니까?

네, SBS프로덕션으로 파견 근무 가서 프로그램 수출입을 총괄하는 사업본부장으로 있었죠. 당시는 수입업무가 주였고 수출업무는 미미한 수준이었습니다. SBS가 개국한 지 얼마 되지 않았으니 킬러콘텐츠가 많지 않았을 때죠. 우리 프로그램이 해외에 본격적으로 수출되기 시작한 건 제가 퇴사한 뒤 2000년대 초반이었습니다.

그동안 일하시면서 기억에 남는 국내외 분들은요?

박준영 사장은 TBC, KBS, SBS를 거치면서 제가 가장 오랫동안 모셨던 분이고 많이 배운 분이니 제일 기억에 남고요. 워너브라더스 아시아 총책이었던 웨인 브룬도 인상에 많이 남습니다. 그땐 거의 대부분의 아시아 총책이 시드니에서 중간 배급을 했습니다. 디즈니만 홍콩에 있었고요. 제가 SBS를 그만둘 때 워너의 웨인이 돕겠다고 나서 OBS 지역민방과 EBS에 독점적으로 워너사 작품의 배급권을 가진 적이 있습니다. 워너가 2008년에 한국지사를 설립하기 전까지 8년간 배급을 맡아봤죠.

이제 킴미디어처럼 구매를 위주로 하는 배급사는 별로 없는 걸로 알고 있는데요.

맞습니다. 이제는 해외 프로그램을 수입해서 한국 매체에 공급하는 것은 사양산업이 되었어요. 이제는 수입뿐 아니라 수출도 함께 하고 후반작업처럼 콘텐츠와 관련된 다양한 사업을 함께 해야 살아남을 겁니다.

요새는 후반작업을 하는 회사들이 OTT가 생기면서 엄청나게 규모가 커져 도리어 다른 제작사를 사버릴 정도가 됐습니다. 영어 스크립트만 있으면 모든 언어를 거의 실시간으로, 심지어 고품질로 자막작업 하고 있고요. 예전엔 프로그램 수입에 곁들여지는 작업이었던 것이 이제 거꾸로 메인이 되어가고 있네요.

우리 콘텐츠, 한류의 힘이 커져 그렇게 되어가는 것이니 좋은 현상입니다. 단지, 이렇게 시청자들이 고품질 콘텐츠들을 많이 접할 수 있을 때 더 다양한 문화들을 소개할 필요가 있지 않나 하는 생각이 드네요. 케이블은 그렇다 치더라도 지상파에서는 이런 측면을 고려해야 한다고 봐요. 방송프로그램은 공산품이 아니고 문화사업이거든요. 중요한 사실이죠. 그래서 미국이 옛날에 1970년도에 우리에게 영화 한 편을 2백 불, 4백 불에 판매한 겁니다. 이제 우리도 문화를 보급한다는 취지로 나설 차례죠.

미국은 콘텐츠를 판매한 지 50년이 넘었지만, 우리나라는 20년이 안 되어 문화사업의 가치를 제대로 인식하지 못하는 건지도 모르겠습니다. 이렇게 비즈니스를 오래도록 하신 분이 없어, 다들 재정 손익만 계산하다 보니 그 후폭풍을 맞고 있는 게 아닌지. 후배들에게 하시고 싶은 얘기가 있으세요?

일단 콘텐츠 부문의 전문성을 구비해야 합니다. 각 나라의 다양한 문화를 제대로 이해해야 수출도 더 잘할 수 있죠. 그리고 해외의 인디 콘텐츠에 관심을 가질 필요가 있습니다. 인디 콘텐츠를 개발하지 못하면 메이저에게 끌려갈 수밖에 없는 겁니다.

"프로그램 다양성의 측면에서 볼 때, 우수한 해외 콘텐츠를 때때로 방영할 필요가 있다고 봅니다. 제작 시간과 비용이 많이 드는 양질의 다큐멘터리, 가족이 함께 볼 수 있는 대작 등은 시청자들에게 유익할 뿐만 아니라 국내 제작 PD들에게도 좋은 본보기가 되지 않겠습니까. 방송프로그램은 공산품이 아니고 문화사업이거든요. 중요한 사실이죠."

ⓒ 유동영

글로벌 콘텐츠 세일즈 베테랑 9인의 인터뷰

초판 1쇄 인쇄 2019년 9월 19일
초판 1쇄 발행 2019년 9월 26일

지은이 써니 김
책임편집 박은경
디자인 김타미
녹취 정혜진
인물사진 유동영
펴낸이 김명숙
펴낸곳 나무발전소

등록 2009년 5월 8일(제313-2009-98호)
주소 03900 서울시 종로구 독막로 8길 10, 서정빌딩 701호
이메일 tpowerstation@hanmail.net
전화 02)333-1967
팩스 02)6499-1967

ISBN 979-11-86536-67-4-03320

※ 책값은 뒷표지에 있습니다.